大展好書　好書大展
品嘗好書　冠群可期

大展好書　好書大展
品嘗好書　冠群可期

武學釋典 3

太極拳今論

薛蔚昌　著

大展出版社有限公司

吾師李雅軒遺像

老師是楊氏太極一代宗師楊澄甫的得意門生，楊氏太極拳在四川省的傳播者，楊氏太極拳一代名家。

斜單鞭

左分腳

斜單鞭轉肘底捶之過渡式

騎馬式一

如封似閉

作者　薛蔚昌

左摟膝拗步掌

單鞭掌

抽身下勢

扇通臂

穿　掌

左玉女穿梭

雙峰貫耳

進步搬攔捶

如封似閉

卷首語

太極拳功夫，是內功，是氣功，是柔功，是靜功，是應本著太極拳的規則，細細地去練去悟，日子久了，就一定會奧妙發現，在健身方面、應用方面都有了。

——摘自太極一代名家李雅軒《太極拳隨筆》

太極拳是內家拳，這是拳種定性。若是單務了拳架，而打不出內裏的意味來，就背離了太極拳的性質，就變內家拳爲外家拳了，當然，也就不會收到太極的益處了。

——作者薛蔚昌

自序

近幾年來，我把寫作的重點，放在了太極拳方面。先後在《搏擊》、《中華武術》、《武林》雜誌上，發表了二十五篇文章。這裏，按照發表的先後時間順序，與同近日寫成的四篇，一併收入，共計二十九篇，彙集成冊。

太極拳是個奇妙的忒好的拳種；太極拳又很可能「隨習就誤」而失傳。這種看法和耽心，就是促使我從事太極拳寫作的原因。

「隨習」，是指人們在後天本能地自發地演變成一種拙力，即四肢自動直動。這種拙力背離了力源——腰脊，成爲習慣，且積習難返，導致人體出現種種弊病。譬如：由於四肢的自動直動，使身軀相對變得停滯，內臟得不到應有的活動，疾病叢生，這是其一；下肢負重，得不到應有的上力的轉移，易於出現腿疾，如膝關節痛等，就是俗話說的「人老先老腿」，這是其二；人的體形，前彎後弓，凹胸凸背，隨著年齡的增長，越來越嚴重，形成病態，也觀之不雅，這是其三；等等。遺患無窮。而打太極拳，也順隨了這種「拙力」，走向歧途。

「就誤」，是指當代並不眞懂太極「力道」的太極拳教練、名家、權威們，他們仍以「習慣用力」（「拙力」）來教授，仍以習慣力的概念來解釋太極拳的要則理法。這樣，就誤傳誤，念歪了經，使傳統的正宗的太極拳，隨之走偏異化，形成了當今的「教練太極」——空架子，徒有其表。出現了失傳危機。

其實，失傳危機，早顯端倪。太極拳老論作者明王宗岳云：「先師不肯妄傳，非獨擇人，亦恐枉費功夫耳」。這裏，已經產生了難以教出學生來的顧慮。何以難？因爲「習慣用力」和太極「力道」，是兩碼事，完全不同，人們已經完全習慣了這種「拙力」，也可以說習非成是了，積習難返，這就是學習太極拳的主要障礙。

吾師李雅軒先生特別強調學拳的悟性，並說太極拳是聰明人練的拳，意思就在於要有克服「拙力」的耐心和領悟太極「力道」的靈性。

應該說，太極拳是在「拙力」引發弊病情況下產生的，因而，維護人體健康，是其主旨之一。

筆者是傳統太極拳的受益者，希望傳統太極拳能夠得到承傳，造福人群！

太極拳難歸難，但並非學無途徑，無所適從。它有確定的「規矩」——「要則理法」可循，按照太極拳的「要則理法」去學，去悟，自然能夠成就太極拳的「方圓」。這本書收入的文章，都曾在專刊上發表過，均屬作者多年來鍛鍊過程中的切身體會，它能夠在這方面給讀者提供一些參考和幫助。這是筆者幾年來側重太極拳寫作的初衷。是爲序。

薛蔚昌

目錄

我練太極拳的體會

太極拳是內家拳的一種。就太極拳來講，又分諸多門派，著名的有陳式、楊式、武式、吳式、孫式。各式太極拳雖各具特徵，但其鍛鍊要領基本上是一致的。下面著重談談我在練習楊式太極拳中的一些體會：

1. 太極拳的要領，是學太極拳的人必須遵循的方法

不按太極拳的要領鍛鍊，不去體會、感悟太極拳的要領，儘管架子比劃像太極拳，但是，那只能說像，並不是規範的太極拳，也收不到太極拳的效應和好處。

楊式太極一代宗師楊澄甫提出了十條要領，其弟子李雅軒老師細化為十六條。由於太極拳是內家拳，因此，其要領基本上是「內在」的，不容易看清和掌握。有的人練了幾十年，依然空無所有，打不上一點意思。動作起來，虛實

不清，聳肩抬肘，搖搖晃晃。儘管天天打，經常練，依然老樣子。這是什麼原因?難!未得其竅!

據筆者體會，是要從某一個要領開始，下功夫著意單項突破。只要突破一個，其餘就容易逐個地突破了。因為，各個要領是互為條件、互相聯繫、協調動作、相得益彰的統一體，它們之間具有同一性，有相通之處。

2.練太極拳的人，一般都曉得四肢要用腰部帶動，可是，總難做到

究其原因，是對太極拳的力道不懂。太極是圓象，轉動著的「圓」，是不著力的，力一挨著就被旋轉開了。因此，主張以腰脊為軸，動作走螺旋。手伸出去時，要腰部先動，腰帶肩，肩帶肘，肘帶腕，腕帶手掌達於手指，而不是手部先動；腳伸出去時，也要腰部先動，腰帶胯，胯帶膝，膝帶腳腕，腳腕帶腳掌達於腳趾，也不是腳部先動。這樣，用的力比日常生活中輕得多、小得多。而太極拳研究的就在於用最小的力來制服最大的力。所以，學習太極拳，首先就是要求改變用力的習慣，放棄硬力、僵力。

李雅軒老師指出：硬勁不如僵柔勁；僵柔勁不如鬆軟勁；鬆軟勁不如輕靈勁；輕靈勁不如虛無勁。這就具體地指出了一條由硬到軟、由重到輕、最後到達虛無境界的途徑，是逐漸丟掉大力、硬力、到學會使用最小的軟力的過程。

而太極拳主張的這種力道與日常生活中用力的習慣是不同的。日常習慣不易改掉，這正是學習太極的難點。也許正由於此，使得當前的太極拳鍛鍊流於空架子、形式化。

從形式上看，在清晨的公園、體育場等場所，出現的集眾的太極拳活動，陣容可觀，頗具規模；可惜，多是比劃個架子。無需諱言，單就架子說，連領隊的教練在內，在行的像樣的都很少見到。長此下去，中國的這份極為寶貴的遺產，可能失傳，這是堪憂的；雖說如此，但有志者只要按照腰部帶動四肢的方法以及太極其他相關要領，依照程式堅持自身的鍛鍊，有決心有恒心，也是能夠逐漸掌握的。

如果能得到良師指導，就會避免走彎路，取得更快進步。待到明顯地覺得一舉手一投足都是腰在帶動，而且帶動得極為自然順遂，這時，你就在練習太極拳的道路上向前跨出了關鍵的一步。隨之，也就會感悟到太極提示的「命意源頭在腰隙」的道理。再隨之，腰在帶動四肢運轉的同時，在「提頂」、「吊襠」以及其他要領協同發揮作用下，腰更加靈活；因而，四肢更加靈活；尤其，手和足更加靈活。

3.「虛靈頂勁」，是太極拳要領中排次居首的一個

對此人們易於忽略；其實，「虛靈頂勁」在整個要領中是個「綱」，「綱舉目張」。因其動作細微複雜，操作難度較大，往往不易掌握，才更應知道它的重要性，從而加強鍛鍊，尋找切入點，去感悟，去把握。

首先，太極所練在「神」。沒有「虛靈頂勁」，精神就不能提起來；精神提不起來，意便不能專一，全身皆不得體。

其次，「頂勁」與「沉氣」使百會穴與會陰穴反向對拉拔長，這樣，上下之勢得以相稱，腰脊的鬆沉直豎得以形成，就可有效地保持身體的平衡，沉穩。

第三，「頂勁」和「沉氣」，是上下對稱的，因而，是相提並論的。隨著

「頂勁」上拔的同時，配合以「吸氣」，可使力拉上移，從而減輕了下肢的壓力和負重，有助於轉體的圓活、動作的輕靈、步履的穩健。

第四，不會「虛靈頂勁」，就不會配合呼吸。因為，太極拳的呼吸運動，是由「氣沉丹田」和「虛靈頂勁」進行的。這個在「腹式呼吸」中詳述，這裏從略。

4.「用意不用力」，是太極拳的又一個要領

「意」，即意念、思想。就是說在練太極拳時，要用意念或思想而不是力。怎樣用思想呢?李雅軒老師講得既形象又透澈。

他說：「思想要像一盞燈滿照全室一樣地照滿全身，使內外上下等規則通通融入拳架中。太極拳的用『意』在身內，不在身外，不能想到一手一式的用法；倘若想到用法，就違反了太極拳『聽勁』的原則，就將內家拳變為外家拳，就將暗勁變為明勁了。」（大意）

這裏，應該特別注意的是，太極拳的用「意」，即是用思想練拳，同練拳

過程中排除雜念收住思想，是兩個不同的概念。前者，是用思想統領全身，使每一個拳式都按要領規範地進行；後者，是練拳時收住思想不走神。前者，思想是統帥，處於駕馭地位；後者，思想是從屬，處於被駕馭地位。這一點非常重要。當用「意」（同時包括對其他要領的掌握）達到一定程度時，你就會覺得肢體內外上下，都是在「意念」指導下協調地動作的，每個架式的銜接更變、起承轉合、自然形成，毫不費力；先前那種刻意放鬆，也變得自然，且有沉勁；還會感到意之所至，氣亦至焉。這時，通體舒爽，穩沉輕快，精力煥發，其妙無窮。此時此際，你就會自然而然地領悟到並做出這樣的結論：「打太極拳，竟然是一種享受。」

5. 練習拳架時，肢體要放「鬆」

這個，凡是學太極拳的人，都是耳熟能道的。其實，在整個要領沒有掌握之前，無論主觀上怎樣刻意去放「鬆」，總是牽強做作的，是極不自然的，不會符合太極拳「鬆」的要求。只有很好地去體會要領，規範鍛鍊，默識揣摩，潛心感悟，天長日久，功到自然成。一旦基本上掌握了各個要領，進而達到一定程度，這時的「鬆」，才能「鬆」得整，「鬆」得勻，「鬆」的自然，「鬆」的瀟灑。

這裏說的「鬆」，是指整體上的鬆。如同說「虛靈頂勁」這一要領，是整個要領中的「虛靈頂勁」一樣，它不能同其他要領割裂開來。

6. 腹式呼吸

太極拳鍛鍊時，要求始終保持腹實胸寬狀態，這樣，下盤才能穩健。要做到這點，就須採取腹式呼吸的方法。

腹式呼吸，有順式呼吸和逆式呼吸兩種。順式呼吸，即呼時小腹內收，吸時小腹外突；逆式呼吸，即呼時小腹外突，吸時小腹內收。

小腹外突時，就是「氣沉丹田」；反之，小腹內收時，就是「氣不沉丹田」，是交替進行的；這恰好順應了「氣」的一呼一吸，是交替進行狀態。這裏，會出現這樣個問題：當「氣不沉丹田」時，「氣」必然上升到胸部，胸部外挺，氣擁胸際，上重下輕，影響身體穩定。但請注意，太極有它的解決方法。太極拳有兩個要領——「含胸拔背」、「沉肩垂肘」始終保證了胸部的平正，再加上「提頂」、「吊襠」的配合，即便「氣不沉丹田」時的深吸或深呼下，「氣」也不會在胸部擁聚。這是因為「含胸拔背」、「沉肩垂肘」使胸部始終保持著平正，不凹不凸，沒有給上升的「氣」提供擴張的條件；並在「提頂吊襠」的疏導下（即「虛靈頂勁」、「氣沉丹田」，使百會穴與會陰穴上下反向對拉拔長，這樣對稱分勢），使胸部反而出現寬鬆的感覺。這正是腹式呼吸的必要條件，也是腹式呼吸能夠成立和順利進行的依據。

筆者從鍛鍊實踐中感悟到，「下則氣沉丹田，上則虛靈頂勁」，就是太極拳主張的呼吸法。

太極拳在呼吸法上，曾經出現的主張，主要有兩種：

(1) 按拳架與呼吸的對應方法，即合、虛、蓄、起、屈、退……為吸；開、實、發、落、伸、進……為呼。硬去配合。這樣，不是不行，而是難度較大，往往容易出現氣喘氣憋、顧此失彼現象。

(2) 呼吸任自然，到一定程度，呼吸自會與拳架結合的。筆者很長時間裏，係採取此法，並由此法切入的。

以上所述，還很浮淺和欠缺，很不成熟。

筆者二十多歲時體弱多病，因此，開始學習太極拳。現已年逾古稀。四十多年的時間不算短，可是進步不大，原因就是停留在練架子階段，沒有從「要領」上下功夫。也不是不知道「要領」，而是難以掌握，走了不少彎路。而今，打上點意思，有了點體會，還是近幾年的事情。開始時如前所述，側重單項突破，我是從「沉肩垂肘」做起，然後，逐個逐個地解決。就這樣慢慢地靠近了門（記得李雅軒老師曾講過自己：「我只不過是才入門而已」。作為太極名家，此說顯然是謙語，不過也說明太極境界高深莫測。以此而論，我說靠近了「門」，都是過頭的話），並增加了鍛鍊時間，越體味，越有意思，越堅持深鑽，一發而不可收拾，直至今天提筆想寫點鍛鍊心得出來，以供愛好太極拳的朋友們參考。誠摯地希望他們鍛鍊得法，費時少，收效快，儘早起到強身健體的作用，勿蹈筆者覆轍。

（原載《搏擊》二〇〇〇年十二期）

太極生活化

㈠

太極生活化，簡要地講，就是要把太極拳的「力道」和「要領」，融入日常生活中，以改變日常生活中用「力」的習慣，從而為——

⑴ 給愛好並學習太極拳者開闢一條捷徑，或者說為學習太極拳打下必要的初步的基礎。這是主要的。

⑵ 對不學太極拳的人，也可起到節省力氣和相應的太極健身的好處。

㈡

太極拳的「力道」與日常生活中的用「力」，是兩種不同的「力」。

太極拳的「力」，是基於人體機理，以自然為法，極符合生理學、力學和哲理的；日常生活中的用「力」，是後天形成的拙力。

太極拳的「力」，是「始而意動，繼而內動，然後外動」；日常生活中的「力」，是直觀反應，純屬外在，直來直去。

太極拳的「力」是隱形的，留有餘地的，是活力；日常生活中的「力」是顯形的，不留餘地的，是死力。

太極拳的「要領」，也就是太極拳遵循的規則。這些規則，與人體機理極相適應。因而，人體的各個部位，由太極拳運動的調動，把其互相依存、聯繫、統一的關係，協調得極其得體，非常周全，十分自然，並激發出無限潛能，使人體的肌肉、經絡、骨骼、關節、內臟、神經、氣血等功能，都得到全面的超常的鍛鍊，是其他任何運動都難以相比的。

其他運動，練完了有疲乏勞累的感覺，而太極拳卻不。太極拳打完之後，不僅不疲累，而且還有一種鬆快、舒展、輕爽、飄逸的感覺。

㈢ 內家拳的教授，應走內家拳的路子。「太極生活化」的提出，就是基於這個思路。

歷來，太極拳的教授，都是先從學架子（形）開始的；而筆者在這裏卻提出先做「太極生活化」，給學習太極拳者，打下必要的初步基礎，顯然同傳統辦法相悖。不過，我是這樣考慮的——

太極拳是內家拳，開始學習時，就應該走內家拳的路子，體現內家拳的特徵；否則，開初就學拳架子，這同學外家拳一個樣兒，必然流入外家拳的套子。待到架子學成，再回轉頭來往內家拳的路上走，不僅彎子繞得大了，而且增加了很大的難度。

從現實狀況來看，在公園、體育場、大機關的院落，清晨集體練太極拳的人不少，依然虛實不清，聳肩抬肘，搖搖晃晃，徒有太極拳的架子，而無太極拳的意思。從筆者鍛鍊實踐來說，停留在架子（形）階段，就長達三十多年，不是不知道太極拳的「力道」和「要領」，而是實際上難以切入和掌握，深感太極拳難學，難以深入其內。因此，筆者認為：作為內家拳的太極拳，先從外形架子學練，是個誤區。長此下去，中國這份極為寶貴的遺產很可能失傳，這是堪憂的！

為此，筆者不避淺陋之嫌，特提出「太極生活化」的設想，以針對性地改變人們長期形成的「力」的積習，然後切入內家拳路子的辦法。

㈣

太極拳作為健身和技擊，都非常之好，可是，學起來確實很難，難，在於兩點：

⑴ 由於太極拳是內家拳，因而，其要領基本上是內在的，看不見，摸不著，全憑自身的鍛鍊、體會和感悟。譬如，「虛靈頂勁」，怎麼個頂法？「用意不用力」，怎麼個用意不用力法？既虛又玄。學者，摸不著頭腦；教者，難以示範。這是難點之一。

(2) 太極拳的「力道」，與日常生活中用「力」的習慣，是相左的。

日常生活中用「力」的習慣，是直觀反應，直來直去。譬如，拿物，手直接伸出去拿；走路，腳直接向前邁出。太極拳的伸手出腳則不同。而是要用腰脊帶動。伸手，不是手先動，而是腰脊先動——腰帶肩，肩帶肘，肘帶手腕，手腕帶手掌達於手指；出腳，也不是腳先動，而是腰脊先動——腰帶胯，胯帶膝，膝帶腳腕（踝），腳腕帶腳掌達於腳趾。

太極拳主張的這種力道，比日常生活中用的力輕得多、小得多。太極拳研究的就在於用最小的力來制服最大的力。對於最小的力的修練，由低級到高級，可分為五個層次。

硬勁——僵柔勁——鬆軟勁——輕靈勁——虛無勁

這是一條由硬到軟、由重到輕、最後到達虛無境界的途徑。是逐漸丟掉大力、硬力，到學會使用最小的軟力的過程。鬆軟程度的逐漸增加，是以硬力、僵力程度的逐漸丟棄為前提的。鬆軟之後的發展方向，必然是柔和、輕靈、虛無。這才符合以小力勝大力、以柔克剛的原則。

太極拳主張的這種力道，與日常生活中用力的習慣顯然不同。日常習慣不易改掉，這是學習太極拳的難點之二。

由於這兩個難點，儘管教的人頻頻提及要「虛靈頂勁」，要「以腰脊帶動四肢」等等，但由於這些「要領」基本上是內在的，這「力道」又與日常生活習慣用力相左，所以，說教與學做，總是兩張皮。

㈤

把「太極生活化」作為學習太極拳架式的學前階段，或初始階段，是需要的。因為，太極拳的規則與日常生活中的習慣截然不同。既成積習，自然難改；在生活中逐漸形成的，也應從生活中逐漸去糾正。硬轉彎，難度大，阻力大；軟過渡，較容易，自然些。至於，會不會由於增加了一道程式，而延緩學習時間呢？不會的！不僅不會，而且還能大大地縮短學習時間。這與「磨刀不誤砍柴工」的道理有點相近，但程度遠遠不夠。

作為內家拳的太極，在初學階段就走向內家拳的路子，從而避免了繞彎子、體會難的問題，必然在前進的道路上順利得多，快捷得多！

㈥ 太極生活化的具體做法和進程：

首先從走路說起。日常生活中的走路，一般是下肢交替邁出，上肢前後配合甩動，維持平衡狀態。身體的重量，完全憑著兩腿支撐。這裏，我們不難想起和看到幼嬰學走路的姿態——媽媽在前邊張開雙臂哄著接抱，孩子的兩條小腿艱難地試著倒換，兩隻小胳膊抬起晃動著來平衡身軀，好像很難承受全身的重量。成年人的走路，就是由幼嬰階段逐漸形成的，下肢支撐著全身重量。因此，走長了路，首先感到的就是兩腿困乏。所以，筆者在前面提到人們日常生活中的用「力」，是後天形成的拙力；而太極的「力道」，卻是極符合生理學、力學和哲理的，是科學的。

開頭提到過，「太極生活化」，就是要把太極拳的「力道」和「要領」融入日常生活中。太極拳的「力道」，理論高深，細微複雜，操作不易；太極拳的各個「要領」是互為條件、互相聯繫、協調動作、相得益彰的統一體。這些都是遠離人們日常生活的東西，難以體會，難以單個說清。

這裏，只能從基本概念粗略地談談鍛鍊的方法，至於體會、感悟和收效如何，還需個人堅持鍛鍊，付出耐心和時間。

太極拳是內家拳，「力」由內發。怎樣內發呢？先要有動的意念，相繼有內動牽帶，然後有外動表現。先要有動的意念，就是說意識在先，要有「意」領。也就是太極拳「要領」之一「用意不用力」的「意」。相繼有內動牽帶，就是要在意識指導下，身軀內部動作起來，內部指的是腰脊，也就是《十三勢歌》中所指的「命意源頭在腰際」。然後有外動表現，是指在內勁動作時的外形表現，由腰脊的動作，把勁力推到肢體的各個部分，關鍵在腰脊。因為，腰脊是力的源頭所在。上下肢體的轉動和變化，要靠腰脊來帶動。這就與日常生活中人們用「力」的習慣不同了。

人們日常生活中的用「力」是外發，直觀反應，直來直去；而今，要求內發，練習內發，就會很彆扭，就會很不習慣，這就是最大的難點，需要分節、分段慢慢地來，在平日走路的基礎上，去細心揣摩、體會。

太極主張以腰脊帶動四肢。所以，說走路，首先得說腰脊。

對腰脊的要求是：鬆、直。

腰為一身主宰，能鬆腰，兩足才能有力，下肢才能穩固，轉動才能輕靈；能直腰，腰杆才能挺豎，重量才能承擔，放鬆才不鬆塌。

1. 下 肢

兩腿要分虛實。全身坐落在右腿時，則右為實，左為虛；反之，全身坐落在左腿時，則左為實，右為虛。如先邁右腿，則以左腿為支點，腰脊向右向後旋轉（太極拳的前進、後退、上起、下落、左旋、右轉中都帶有弧形或圓圈的形象，這種形於外的弧形、圓圈動作，是內勁作弧形、圓圈纏繞動作時的外形表現，而絕無直來直去的動作。

這裏，腰脊的旋帶，就是內勁的起動，裏面不動，外面不發）內收，同時，右胯相應地亦向右向後旋轉內收，被提起來領膝帶踝邁出步去，右足放平踏實，膝微屈，隨即變成右實左虛；這時，則以右腿為支點，腰脊向左向後旋轉內收，同時，左胯相應地亦向左向後旋轉內收，被提起來領膝帶踝邁出步去，左足放平踏實，膝微屈，隨即又變成左實右虛。如此，交替行走。

這樣，經久練習，你就會感覺到，當虛足緩緩伸出去時，胯根鬆開，虛腿有鬆感，尤其虛足更有鬆感。如此在腰脊帶動下，腰脊就承擔了身體的一定重量，加之，兩腿虛實分明，虛腿一側就得到相應的瞬間休息，就整體行走來說，就是對半休息。

這裏說的單是下肢，如果是太極拳，身體的各個部位都被調動起來，那種感覺更多樣、更完美，比鬆的境界更高。所以，打太極拳是一種享受，是一種「力的積蓄，是收入」（李雅軒老師語）。對於不練太極拳的人來說，也可節省力氣，還能起到相應的健身作用。

2. 上 肢

下肢與上肢是同時配合動作的。當邁右腿時，隨著腰脊的旋動，右肩亦從右向後旋轉內收，領肘帶腕甩向後邊。右臂與右腿相對應，一前一後對稱地分開，並對整個身體起著平衡作用。當右足落地放平踏實，膝微屈時，右臂亦相應地甩向後邊到位，隨即變為右實左虛。當邁左腿時，隨著腰脊旋動，左肩亦從左向後旋轉內收，領肘帶腕甩向後邊。左臂與左腿相對應，一前一後對稱地分開，對整個身體起著平衡作用。當左足落地放平踏實，膝微屈時，左臂亦相應相稱地甩向後邊到位，隨即變為左實右虛。如此，交替往復，不斷進行。這是說的腰脊帶動四肢，如何出腿甩臂的情節。

人們日常生活中的走路，習慣於挺胸、豎肩，以助走勢；而太極拳則要求含胸、拔背，並以「頂勁」、「沉氣」來助走勢。

「太極以靜御動，雖動猶靜，一動無有不動，一靜無有不靜」。既是腰脊帶動四肢，出腿甩臂走起路來，身體的其他部位和肌能就要相應地按太極的要領和規則都配合動作起來。這種配合，有主要和次要、直接和間接之分。

在助走勢時，要「頂勁」和「沉氣」。「頂勁」和「沉氣」能使百會穴和會陰穴上下對稱反向撥長，有助於腰脊的鬆直，有助於腿臂的舒展。「沉氣」做到了，雙足就有力，兩腿就穩健；「頂勁」做到了，滿身就輕靈，動作就俐落。「頂勁」與「沉氣」，是相提並論的。

「沉氣」（氣沉丹田）靠「含胸拔背」，並輔之以「沉肩垂肘」。

含胸，是指胸肌放鬆，胸腔內收，胸部不凸不凹；拔背，是指在含胸的同時，背肌相隨相應地放鬆。胸腔的空間縮小，胸背肌鬆沉，氣自然順暢地下沉丹田。

沉肩，是指肩鬆開下垂；垂肘，是肘往下鬆垂。肘若懸起，則肩不能沉；肩不能沉，則氣亦隨之上擁胸際，上重下輕，立身不穩。所以，「含胸拔背」時，必須輔之以「沉肩垂肘」，二者是相連相隨的。

「頂勁」（虛靈頂勁），也叫「頂頭懸」，想像自己的頭上繫有一根繩子，身子猶如淩空懸掛一樣。是指頭正項直，神貫於頂。隨著「頂勁」，配合以吸氣，可使力位上移，從而減輕了下肢的壓力和負重，有助於轉體的圓活、動作的輕靈、步履的穩健。到此，對比一下。

一般人的走路姿勢，是挺胸、豎肩（到老形成凹胸後，是挺背豎肩）；「太極生活化」的走路姿勢，是「頂勁」、「沉氣」。「頂勁」、「沉氣」須得「含胸拔背」、「沉肩垂肘」來形成。由於日常生活中經常保持了「含胸拔背」和「沉肩垂肘」，所以，人到老來不會弓腰駝背。有句俗話說「人老先老腿」，這是因為一般人走路，腿的負荷重，尤其膝關節的負荷重使然。「太極生活化」走路，是在練靈活的樁步，腿腳鍛鍊的堅實而有彈性，且以腰脊帶動轉移了部分腿部負重，虛實分明，使腿腳出現輕鬆感，到老自能免除腿疾，健步自如。

總起來說一下「太極生活化」的走路。

要用「意」領，周身放鬆，分清虛實，以腰脊帶動腿臂前進，以「頂勁」、「沉氣」來助走勢。實的一側，腿、胯、腰、胸，俱為實；虛的一側，腿、胯、腰、胸，俱為虛。「實非全然占煞，虛非全然無力」，即實中有虛，虛中有實，虛實相滲，變化自如。虛的一側會出現鬆快感，便是瞬間休息；虛實在輪換進行，因而就整體走路來說，就是對半的休息狀態，比起一般的走路，既可省力，又能健身。

對於「意領」，這裏需要說明的是，在公園等有條件的鍛鍊場所，「意」要專注；在馬路上走路，要考慮安全，「意」可附帶，或不附帶。

日常生活中的其他用「力」處，也要以腰帶動。如騎自行車，在上坡時尤其明顯。太極在練習時，分節、分段、從緩，但經久鍛鍊揣摩，功到自然成。太極講究用「意」，因而，「意到」而「俱到」，「俱到」，指的是合力、整力，這樣的「力」作用於動力點，當然會起到事半功倍的效果。

其他同理，無庸贅述。

「太極生活化」的過程，是改變人們後天形成的拙力的過程。拙力得到了改變，也就避免了這種拙力給人們的健康帶來的危害。

太極拳的運動，十分全面。它不僅能把人體所有部位、所有機能都調動起來，進行充分活動，而且，還可使其潛能得到無限激發，使人體超常受益。

（原載《搏擊》二〇〇一年三期）

太極拳中的辯證法

太極拳，是冷兵器時代的產物。那時，還沒有「辯證法」的提法；但是，不等於說沒有辯證的思想。事實上，辯證的思想在我國古文化中不勝枚舉。如軍事上的孫子兵法，中醫中的「辨證施治」等都是。這裏，借用「辯證法」一詞，意在闡明太極拳是個很科學的拳種，它充分體現了辯證法。

太極拳是內家拳，如何在拳架中體現出內裏的意思，或者說內裏的意思如何從拳架中通出來，得借助於形體的動作。太極拳對形體動作是有嚴格規範的。這裏，單說楊式。按楊澄甫著述，基本要領十條：(1)虛靈頂勁；(2)含胸拔背；(3)鬆腰；(4)分虛實；(5)沉肩垂肘；(6)用意不用力；(7)上下相隨；(8)內外相合；(9)相連不斷；(10)動中求靜。

其弟子李雅軒老師細化為十六條，加了(11)立身中正；(12)心性沉著；(13)氣沉丹田；(14)呼吸任自然；(15)邁步如貓行；(16)運勁如抽絲。

這十條或十六條，並不是彼此孤立的，而是互為條件，互相聯繫、協調動作、相得益彰的統一體，統一融入每一個拳式和式與式的連接轉換中，以「含胸拔背」為例來說明之。

「含胸拔背」的目的，是要使氣沉於丹田。「氣沉丹田」，可以避免氣擁胸際，引起挺胸，導致上重下輕，腳根浮起，站立不穩；而「含胸拔背」，又相應牽動肩沉肘垂；「沉肩垂肘」又有助於「含胸拔背」的形成，二者配合還能加大「氣沉丹田」和「虛靈頂勁」的力度，使會陰穴和百會穴呈直線反向對拉拔長；兩穴的反向對拉拔長，保持了「腰」部的「鬆」沉直豎，從而使得下盤更加穩固，圓轉更加靈活；在定式和變式「相連不斷」的纏繞圓轉中，自然要「分虛實」、「上下相隨」、「內外相合」的，且自始至終要求「用意不用力」，以靜御動，「動中求靜」的。

這種「要領」與「要領」之間的聯繫與協作，實際上是反映和增進身體各個部位機能之間的聯繫與協作，鍛鍊達到一定程度，會從中激發出它們的配合默契和無限能量，使身心出現異常的美妙感覺，如伸筋拔骨般舒展，內氣運行酣暢等。

——這是說的「要領」與「要領」之間的辯證法。

練太極拳，首先要求放棄「硬力」、「僵力」，從「鬆靜」入手。「鬆」，是指自然地放鬆，要使肌肉、關節、內臟、神經等機能，統統放開、放鬆。「鬆」，是相對「緊」說的；「緊」，指的是「意緊」，「意在先」，自始至終都要以意念引導形體運行。而形體的運行，又要遵循太極拳的要領規則，所以，練太極拳要求做到「形鬆意緊」。對太極拳的要領體悟的越充分，「鬆」的境界也就越充分。「鬆」，不是思想上的刻意放鬆。至於丟掉「硬力」、「僵力」的途徑，李雅軒老師有個提法，圖示如下：

硬勁——僵柔勁——鬆軟勁——輕靈勁——虛無勁

這路線圖是指：功夫要從「實」處下，從「實」處托出「虛」的境界的過程。「實」就是「虛」，「虛」就是「實」。

——這是說的「實」與「虛」的辯證法。

太極拳的源動力在腰脊，以腰脊帶動四肢。上行為腰帶肩、肩帶肘、肘帶腕、腕帶手掌達於指尖；下行為腰帶胯、胯帶膝、膝帶踝、踝帶腳掌達於腳端。「始而意動，繼而內動，然後形動」，以內動促外動，以外動引內動，裏面不動，外面不發，內外合一，形神皆備。

——**這是說的「內」與「外」的辯證法**。

例如，攬雀尾式。當由擠變按時，身後坐，成右虛步，雙手分開往回抹，這時為合為蓄。向上要「提頂」（虛靈頂勁）；同時，向下要「吊襠」（氣沉丹田）。有「頂」有「沉」，以「稱」上下之勢。這樣，前者有利於提起精神，後者有利於穩定重心，並且為貫串下式之機勢提供了準備。

——**這是說的「上」與「下」的辯證法**。

再如，接前式。身前坐，成右弓步，雙掌隨之前按，這時為開為發。手掌向前按去，意遠勁長，相應肩沉肘垂，胸含背拔。加強手臂的沉勁。同時，襠勁下沉，足底勁似植地生根。手勁往前發，足勁往後蹬，以「稱」前後之勢。

——**這是說的「前」與「後」的辯證法**。

又如，野馬分鬃右式。接前式斜單鞭，左足以足跟為軸，腳尖向右移動踏地，屈膝坐實；右足腳跟鬆回，腳尖虛點地，重心移於左腿左側，然後提膝開胯將右足緩緩斜向踏出，屈膝坐實，同時，右小臂就勢斜向右上方分出。當右小臂向右上方斜向分出之稍前，左手亦須隨左實之勢，稍從左斜向後開，用沉勁以「稱」右手和右邊之勢。這是意欲向右，必先左去。野馬分鬃左勢，用意與右式同，方向相反，這是意欲向左，必先右去。

——這是說的「右」與「左」的辯證法。

太極拳的螺旋式弧形纏繞動作，是內勁作螺旋式弧形纏繞動作時的外形表現。在進退、屈伸、上起、下落、左旋、右轉中，都帶著走弧形畫圓的形象，但它要求「曲中求直」。走弧形畫圓圈，顯然是「曲線」；但在纏繞運轉中，使身體各對應位點作反向對拉拔長，卻又呈「直線」。因而，處處是曲線，又處處是直線。

——這是說的「曲」與「直」的辯證法。

練拳架時的「慢」，正是為了發勁時的「快」；練拳架時的「鬆」，正是為了發勁時的「緊」；練拳架時的「柔」，正是為了發勁時的「剛」；練拳架時的「輕」，正是為了發勁時的「重」。可見，慢就是快，鬆就是緊，柔就是剛，輕就是重。能夠完全根據對方變化，「動急則急應，動緩則緩隨」，「人不知我，我獨知人」，使自身置於不敗之地。

——這是說的「練」與「用」的辯證法。

綜上所述，太極拳充分體現了辯證法。

太極拳充分體現辯證法，是以人體機理為據，以自然順遂為法來實現的。人體的各個部位，各具功能，互相牽連，是個統一的有機整體。太極拳是內家拳中獨特的拳種，由它的運動規則的調動，使人體由裏到外，進行螺旋式弧形纏繞動作，把其互相依存、聯繫、統一的關係，協調得極其得體，運作得非常充分，且盤拳架以自然為法，越自然，越順遂，越到位。因而，太極拳運動，不僅能使人體的肌肉、經絡、骨骼、關節、內臟、神經、氣血等機能都得到全面的鍛鍊，而且，還可使其潛能得到無限激發，使人體超常受益，所以，是其他任何運動都不能與之相比的。

別的運動，鍛鍊完了疲困、乏累，而太極拳卻不是這樣，太極拳打完之後，有一種輕快、鬆爽、舒適、飄逸的感覺；如果能在胯、腰、肩部形成氣圈，進而氣遍全身，內氣運行達到騰然酣暢地步，境界就更加美妙，筆墨難以形容了。對此，李雅軒老師講得很精彩：「太極拳運動，是力的積蓄，而不是力的消耗；是收入，而不是支出。」所以說，太極拳對人類強身健體、益壽延年，有著異乎尋常的作用。

太極拳的理論層次極深，修練境界極高，與生理上、力學上、技術上的原理極其吻合且富哲理，是中國的一項寶貴遺產。當前，人們學練太極拳，務了拳架，而忽視了做為內家拳的「內」裏的東西，這是由於太極拳的要領規則基本上是內在的，其力道又與人們日常生活中用力的習慣迥然不同而難以掌握，儘管如此，仍需注重。否則，長此下去，很有失傳的可能，願有志於此者共勉之！

（原載《搏擊》二〇〇一年十一期）

如何把握太極拳的要領

太極拳的要領，就是歷代太極先師們，經由他們的實踐經驗，總結出來的學習太極拳應該遵循的規則。這些規則，是最基本的，也是學習太極拳都應該初步掌握的。

太極拳是內家拳，這是拳種的定性。要學習太極拳，就須按太極拳的規矩學，這就是「沒有規矩，不成方圓」的道理。太極拳的規矩，就是太極拳的要領。在這個意義上講，太極拳的意思或者說太極拳的境界，就在要領中。因此，須下功夫去體會、感悟和把握太極拳的要領，這樣，才能深入到太極拳內裏去，為健身和技擊上的特殊和超常效果奠定堅實的基礎。

太極拳的要領，楊式按楊澄甫著述是十條，李雅軒老師細化為十六條。各條之間，是互為條件、互相聯繫、協調動作、相得益彰的統一體。

因此，在談到某一個要領時，要從這個要領與其他要領相聯繫的辨證關係中去把握，而不能孤立地單就某個要領本身來講，這樣講是脫離實際的、片面的、難以講清楚的，這是其一。

把握太極拳的要領的過程，同時也是逐步丟掉硬力、僵力的過程，換句話說，也是逐步丟掉人們後天形成的拙力的過程。人們後天形成的拙力，已成積習，後患無窮，難以改變，只有由太極規則，才能逐漸加以糾正，這是其二。

太極拳的要領，從內家拳的角度講，都是一種「勁道」，如「氣沉丹田」，就是沉勁；「虛靈頂勁」，就是頂勁，合勢時的「氣勢團聚」，就是蓄勁；以腰脊帶動四肢走弧形、畫圓圈，是纏絲勁；內三合、外三合，就是合勁；等等，係一種身體內在的感覺。因此，要從自身的練習中去體會、去感悟、去把握，其途徑就是嚴格按照要領鍛鍊，力求形體動作符合要領規範，不可在盤拳架中，追求招式用法和著意使力，因為，這是違背太極拳「聽勁」原則和混淆內家拳和外家拳界限的，這是其三。

這三點，是在規範鍛鍊中須臾不可忽視的。

下面，具體地談談每個「要領」的操作方法。

㈠ 虛靈頂勁

就是頭向上頂，意識上頂百會穴，神貫於頂，項部直立鬆豎。具體操作方法：頭頂天，項鬆豎，眼睛平視，後脖頸貼衣領，這樣就形成了。這是靜態的孤立的單說的頭部，盤起拳架來，就要同其他「要領」相互連成一體動作。

就聯繫直接的明顯的方面來說，在「虛靈頂勁」的同時，要「氣沉丹田」；氣沉丹田時，相應「含胸拔背」、「沉肩垂肘」。這時，有頂有沉，上下之勢，得以相稱，脊椎鬆豎了，身軀正直了，此時此際，就會出現一種鬆空的感覺。這裏，有一個難點，即在習慣上隨著頭向上頂勁，身軀相應一上俱上，而此處頭向上頂，身軀卻要隨沉氣與頭上下反向對拉拔長。

這在太極「力道」上講是力在上與下的對稱，要達到這層意思，須相應地克服日常生活習慣上的拙力。之所以說這是拙力，因為「一上俱上」拔了底勁，立身不穩，易於倒地。

舉個例子，去年有一個早晨，筆者去公園，見一中年人練習高踢腳，仰面朝天倒地，就能說明。

「虛靈頂勁」，是太極拳要領中排次居首的一個，在整個「要領」中是個「綱」，起著「綱舉目張」的作用。

㈡沉肩垂肘

從字面上看就清楚了，是指肩要鬆開下沉，肘要鬆開下垂，但做起來就不那麼容易了。肩也不能沉，氣也沉不下去；肘要翹起，肩也會隨之聳起來，就同內家拳相悖了。

根據筆者實踐體會，肩易沉，但著意於肩的下沉，則會在往下伸拉下，肩有不舒適的感覺，因此，轉意於肘，後來逐漸地覺得只要肘能下屈鬆垂，肩自然就會沉下去，且很順應。

肩與肘的關係，肘是矛盾的主要方面。但要注意，沉肩時，還要虛腋。腋下「如同夾著兩個熱饅頭」，空度大了，緊防要掉，空度小了，又怕燙著。這個比喻，既形象，又有分寸感，非常貼切，說攏住實則無物，道無有意念存在，這種寓虛與實、合與開於無限想像的高度集中的空間裏，使身體出現一種騰挪飄逸勁勢。

可見，肩與腋的關係，肩是矛盾的主要方面。腋能虛，「沉肩垂肘」才能正確，才能到位。三者是互為條件、互相聯繫的。尤其在動態中，「沉肩垂肘」與「含胸拔背」相輔相成，使氣沉於丹田，沉勁守住，頂勁相對稱地頂起，隨著拳架的盤轉，內氣會在兩肩、兩臂通暢地運行起來。

㈢ 含胸拔背

含胸，是胸部要平正；拔背，是氣貼於背。操作方法：在上述「沉肩垂肘」的基礎上，脊柱鬆豎，軀幹正直，胸肌和背肌同時放鬆，前後均要平正，不凹不凸，這時，就有氣下沉丹田和上貼於背的感覺。

能含胸，胸就開了，氣就能通；能拔背，背就開了，氣就能順。「含胸拔背」到位了，氣就能夠通順了。有兩位拳友，其一說他會運氣，但覺背部肌肉發緊，練完之後也有緊的感覺；另一說他也會運氣，只是說背部夾脊穴稍上處有一節有脹困感，自覺不正常。這兩位毛病是共同的，都在背部，「拔背」沒有到位，因此，背不開，氣不順。

有的書上說：「能含胸，就能拔背」。我的體會不是這樣，能「含胸」，不一定就能「拔背」。這是隨著實踐經驗的積累，逐漸地悟出來的，是人們後天不良習慣造成的體形缺陷使然。

人的身軀不完全是筆直的。人們隨著後天的生活習慣，總是在不同程度上形成低頭貓腰的病態姿勢——凹胸凸背，即胸肌鬆，背肌緊。因此，當胸部和背部要求同時放鬆的情況下，受身體定型缺陷的影響，自然胸部易放鬆，而背部不易放鬆，道理就在這裏。

筆者的「拔背」，是在基本上全部掌握了「要領」之後才形成的。「拔背」形成後，盤拳架時的感覺就不同了，感到明顯地上了一個臺階，在向前出掌、出拳或按手時，背部能夠呈現淺形凹度，氣貼於背的感覺就更加充分了；隨後，胯、腰、肩三道氣圈出現了；再隨後，氣就遍及全身了。

「拔背」與「含胸」的關係，「拔背」是矛盾的主要方面。「拔背」能夠到位，「含胸」就自然能夠到位。

「拔背」做到了，身板就直了，可以免於「駝背」，到老不「背鍋」。可以這樣說，太極造詣高者，絕非「駝背」之人。

不過，「拔背」是難，難就難在後天形成的體形缺陷和生活慣性難於改變，這個需要下點功夫！為了加快進度，不妨把它引入走道中，這樣，走道還可變得輕鬆快捷，不易疲累。筆者就習慣這樣。

㈣氣沉丹田

「含胸拔背」、「沉肩垂肘」能夠做到位，氣自然就沉到丹田了。加上「虛靈頂勁」，上下之勢得以相稱，沉氣就更加充分了。

「虛靈頂勁」、「沉肩垂肘」、「含胸拔背」、「氣沉丹田」，這四個要領在整個要領中，是最基本的、最主要的。這四個要領能夠大體到位，其他要領就容易掌握了。

譬如：呼吸與拳架的配合，就在其中。因為，「虛靈頂勁」、「氣沉丹田」就是太極拳的呼吸法——頂吸、沉呼。但是要注意，開始時要「呼吸任自然」，通過自然呼吸，自然切入，絲毫不可勉強，越自然，越順遂，越好。

㈤腰鬆腰帶

腰鬆，是指腰要放鬆；腰帶，是指四肢運動和虛實變化，都要由腰來帶動。

太極《十三勢行功心解》中說，「腰為纛」。纛者，古代軍隊裏的大旗。大旗處軍中統帥所在，係發出號令的地方。這裏，喻腰為軍隊裏的大旗，意思是說腰對全身起著統領的作用，是一身的主宰。行兵打仗靠號令指揮，練太極則靠腰的放鬆和帶動。

說腰的放鬆，還不能單就腰的本身來講，這是指在放鬆腰的同時，與之相關的部位，都要相應引起牽連和順應，否則，腰的放鬆就會受到影響；因為，太極拳的每個「要領」，都不是孤立的，而是辨證的統一，這正是反映了人體各個部位對全身的辨證聯繫。所以，並不是誰都想放鬆腰就能放鬆腰的。

有不少人，他們練了多年太極，卻兩足無力，下盤不穩，其毛病就在於腰不會放鬆，不能放鬆。

腰能放鬆放開，勁就下沉腳底，兩足才能有力，「似植地生根」，使下盤穩固；反之，兩足無力，下盤不穩，就是由於腰沒有放鬆放開的緣故。

腰帶動四肢運動和虛實變化，須有個前提條件——改變日常生活的習慣用力。

人們日常生活中的用力習慣，是直觀反映，直來直去，用腳抬腳，用手動手，這是「外」力。用「外」力練拳，就叫外家拳，而太極拳是「內」家拳，主張用「內」力練拳。「內」力的源動力就在「腰脊」。太極《十三勢歌》有云：「命意源頭在腰際（脊）」，由腰脊來帶動四肢——上肢是：腰帶肩，肩帶肘，肘帶腕，腕帶手掌達於指尖；下肢是：腰帶胯，胯帶膝，膝帶踝，踝帶腳掌達於腳趾。顯然，這同人們日常生活用力習慣相左。因此，要學會掌握用腰帶動四肢運動，就必須改變日常習慣用力。

人們的日常習慣用力，是後天形成的拙力（筆者在《太極生活化》一文中，首次用過這個提法。見《搏擊》二〇〇一年三期），傳統相沿，已成積習，改變起來較難，這正是學習太極拳的主要難點之一。只有改變了日常的習慣用力，才有可能學會和掌握以腰帶動四肢運動，才能逐漸丟掉硬力、僵力，體現出太極拳輕、柔、綿、纏的勁道來。

腰能夠帶動四肢運動；同時，四肢對腰也不是完全被動的，它也有著協同帶領腰動的一面，如兩肘和兩膝。這就是「以內促外，以外引內，內外合一，形神兼備」的鍛鍊方法。

腰之所以能夠帶動四肢運動，是因為腰與兩腿相連，臂與胸背相繫。從這個意義上講，腰的概念，實指以腰為主的軀幹合力。太極拳首重身法，就是說的軀幹合力。即總的虛實所在。太極拳論有云：「步隨身換」、「力由脊發」，就是說的身法。

以盤拳架時的鬆腰來講——鬆腰的首要條件是，軀幹要正直，只有軀幹正直了，腰脊才可能鬆開；其次，要拔背含胸、垂肘沉肩、沉氣丹田。氣沉丹田是「沉勁」。有「沉勁」，就須有「頂勁」相稱地配合；否則，「鬆腰」就會形成「鬆塌」，只有下鬆，而無上提，上下失去對稱對拔的勁勢，使軀幹的鬆直受到影響，重心偏移，身體失之平衡。

這裏，還是身法，說的是腰為一身的主宰地位。

㈥ 虛實分明

身體重量坐落在右腿上，則右腿為實，左腿為虛。反之，身體重量坐落在左腿上，則左腿為實，右腿為虛。虛實分明，轉動輕靈；虛實不分，步履滯重，立身不穩，易被外力牽動倒地。

虛實分明，並非實則全實，虛則全虛，還應該虛中有實，實中有虛，即「虛非全然無力，實非全然占煞」，要虛實互相滲透，才能避免滯重，做到轉換靈活。

虛實要分清楚，不僅僅單指雙腿，身體的其他部位，一處有一處的虛實，處處都有虛實。虛實，是太極拳的第一要義。

初級階段，要注重和把握好兩腿的虛實。

兩腿虛實的轉換，是由身體重心的轉移來實現的。身體重心，從頸項下垂到兩腳之間，有一條身中垂直線——意識上的。隨著身中垂直線的移動，重心轉移，虛實得以轉換。

身中垂直線，雖然是意識上的，是想像中的一條線，看不見，摸不著。但是，它實際上的確是存在的，因為偏離了這條線，就失去了重心，立身不穩，易被外力牽動。

為了體現這一虛線——身中垂直線的存在便於操作，太極拳在其要領規則上，做了若干規範。如「立身中正，不偏不倚」。又如，前進成弓步時，膝蓋與小腿呈垂直狀（傳統說法是，膝蓋不超過腳尖；吾師李雅軒主張，膝蓋與小腿垂直；根據筆者實踐經驗，後者更穩當些）；後腿成實步時，不能使重心落點置於後腿與後足跟上。

掌握了這些規則，就是掌握了這條身中垂直線，在進退圓轉的步法中，兩腿就沒有負重感，下盤既沉穩又靈活。如果兩腿在虛實轉換過程中，還能夠做到鬆胯落臂，使盤拳如坐，那麼，效果會更好些。

㈦用意不用力

這裏，須把「意」的概念弄清楚。究竟「意」為何物？平常人們習慣把「心、意」二字連提並用，其實，在氣功和太極拳中，「心」和「意」是兩碼事。「內三合」的第一合——「心與意合」就是區分開的。「心」，指的是思維的器官，其性質是靜態的；「意」，指的是去想、去意、一種意識流，其性質是動態的。「心和意合」，就是要把「靜態」和「動態」二者結合起來，亦即開動思維器官去想。

怎麼想？在這裏，就是要用太極拳的「要領」規則，去規範形體動作，使形體動作符合太極拳的「要領」規則。「意」領「形」隨，意在先，以意領，這就是說的「用意不用力」。

這條要領，體現了內家拳與外家拳在練法上的根本區別。「內」家拳用的是「意」；「外」家拳用的是「力」。用「意」練，初期階段不好把握，需要慢慢來。四肢被腰帶動起來盤拳架，這是「形動」，形動基於內動；「內動」，指身體裏的氣勢騰然和動感躁動，是一種實在的感覺，是由意動引發的；「意動」，是身體各個部位，在意識流的驅使下，與「要領」規則取得一致。倒過來就是「始則意動，繼而內動，然後形動」的鍛鍊方法，亦即「用意不用力」的鍛鍊方法。

舉太極拳起勢之前的預備式為例，來進一步說明之。

預備式，人們易於忽略，其實，練法和用法，皆根於此。此式，要心性沉靜，呼吸自然，立身中正。兩足直踏，平行分開，距離與肩寬。手掌鬆展，手心向下，指尖向前。隨之，用意領腰脊鬆開；在腰脊鬆開的同時，相應牽動背肌向下鬆開，「拔背」形成；隨著「鬆腰」、「拔背」牽動項頸鬆豎，「頂勁」形成；隨著「頂勁」的形成，「沉勁」相應形成，上下之勢得以中正對稱。在這一剎那間，周身會出現一種神清體爽、舒適空靈的感覺；接著內裏熱氣騰然，動感躁動，醞釀著起勢。

在預備式中，以「意動」引發「內動」，此時，內固精神，外示安逸，守我之靜，待人之動，一任自然。待練拳程度達到中後階段時，就會悟出如《太極拳論》所說：「凡此皆是意，不在外面。」「意」，意然會形成一種物質感受！一種獨特的奇妙境界！

㈧上下相隨

上下相隨是指上身與下身和兩臂與兩腿動作的上下相隨。上下相隨的主宰在腰部。重心的轉移，虛實的調整，開合的變換，都要基於腰帶順序和太極理法，依次到位，一動俱動，有一不動，身便散亂。

以「金雞獨立」式為例——

由前式單鞭下式：鬆開腰胯，落臀，沉勁不丟（這是意欲向上，必先寓下），隨著頂勁吸氣，力位上移，腰帶脊柱鬆豎過程中，提右膝，同時右臂屈肘上掌，身體左邊實，右邊虛。金雞獨立的形體動作，在神領、意催、氣促下，毫不費力，自然形成。

這時，勁落左足，似植地生根，手腳上下遙相呼應，胯肩、膝肘，對稱平衡，內外合一，既穩當，又輕靈。

㈨ 內外相合

內外相合係指內與內合，外與外合，內外俱合。

內與內合，是指心與意合，意與氣合，氣與力合。外與外合，是指手與足合，肘與膝合，肩與胯合。內外俱合，是指內外要合為一氣，形成一體，歸統於神，使神為統帥，身為驅使，精神能提得起，舉動自然輕靈，就可避免滯重的毛病。「太極所練在神」，就是這個意思。

以攬雀尾按式為例——

由前式攬雀尾擠式：隨腰向右向後圓轉過程中，兩臂平行分開，雙手隨臂回抹，左腿屈膝坐實，右腿虛步，此時，含胸拔背，沉肩垂肘，頂勁沉氣，成蓄式（意欲向前，必先後去）；發勢時，兩臂隨肩腰胯向前平送，手心按向對方肘及腕部，同時，右腿屈膝坐實，左腿往前跟進，左腳勁意從前腳腳底向前平催，上下一體，內外一氣，成整勁逼按過去。按的成式：內與內合，外與外合，內外俱合。

㈩相連不斷

相連不斷是指用意不用力，要把式與式連續貫串起來，使之自始至終，相連不斷，如長江大河，滔滔不絕。《太極拳論》有云：「尤須貫串，無使有斷續處，其根在腳，發於腿，主宰於腰，形於手指，由腳而腿而腰，總須完整一氣，否則，身便散亂。」

㈩一呼吸任自然

「呼吸任自然」這個要領，是李雅軒老師提出來的。他說呼吸要順其自然，到一定程度，呼吸自然會同架子結合起來的。到什麼程度？根據筆者體會，得尋找「切入點」，這是關鍵。「切入點」在那兒？就是「虛靈頂勁」、「氣沉丹田」——這個沒錯，也是捷徑。但須要練習者自己去揣摩體悟，本著自然的原則。

在結合呼吸問題上，筆者走過彎路，有過反覆，曾按架子的虛實開合，去對應呼吸的硬配合方法，這個難度很大，或者說不可取。因為，這樣容易引起憋氣、喘氣和顧此失彼現象，違反了太極自然、順遂的原則。

㈢ 動中求靜

外家拳練的是筋骨肌肉上的功夫，係外在的，是有形的東西；太極是內家拳，練的是神、意、氣的功夫，係內在的，是無形的東西。

太極拳作為一種拳術，當然有「用」的一面，即技擊性的一面。而修「內」本身，就包含著外用的一面。所以，太極拳是內外兼修，體用兼備的。

修外要動，修內要靜；動之則分，靜之則合。從靜合出發，鬆柔入手，以靜御動，這種形體的動，用意不用力，輕、柔、綿、纏，雖動猶靜。所以，練習拳架要求動作緩慢。動作緩慢了，呼吸就能夠深長；呼吸深長了，「氣沉丹田」和「虛靈頂勁」就到位和充分；「沉氣」、「頂勁」充分了，拳架的動作就更沉穩更輕靈，內外一氣，神舒體靜。

「如何把握太極拳的要領」，就止於此。這是基本的，主要的。當然，還有其他規則，難以盡述。

如果，太極「要領」都能夠統統融入拳架中，體會充分，做得到位，那麼，往後的鍛鍊，不僅會較為得心應手，次次有收穫，日日有進步，還會對「要領」與拳架之間配合得極其默契、天衣無縫缺一不可加深理解。

再往後，對「要領」與「要領」之間的辯證關係及其聯繫的緊密性，如離開呼吸的配合，「頂勁」、「沉氣」的勁道，就不會知曉，「鬆」，就不會充分，「用意不用力」，就顯得單薄和難以深進等；又如，盤拳架，不會「腰鬆腰帶」，那麼，定會兩足無力，下盤不穩，定會硬力、僵力丟不掉，太極輕、柔、綿、纏的勁道也定會體現不出來，等等，會有進一步的理解。

再再往後，「當本老譜：太鬆大軟，以神領、以意走、以氣化，決不會走錯了路」（吾師李雅軒名言，筆者就是這樣走的）。如此堅持鍛鍊下去，太極神秘殿堂之門，終會被你敲開的。

到此，當該洞悉，創立太極拳的先師門，對人體結構、生理機能、力學原理及其哲理早有透徹的參悟；否則，太極理論及其拳術的出現是不可能的。

應該肯定，太極拳是中國的一筆極為寶貴的遺產，是國粹之一，對強身健體、益壽延年，有獨到好處，應深入研掘，發揚光大。

下面，根據筆者切身體會，說明如下兩個問題：

問題一：太極拳的「鬆」

太極拳的「鬆」，是按其「要領」規範鍛鍊下，出現的一種感覺，而不是思想上的刻意放鬆。後者，是曲解，是教學過程中長期形成的一個誤區。如果太極以刻意放鬆來練，必然會形成肢體鬆塌、下身負重，導致腿膝出現疼痛感，事實就是如此。

問題二：太極拳的「舒展」

太極拳的「舒展」，不是架子擺的大，擺的開，就是舒展，這是一種誤解。如果用這種鍛鍊方法，追求外形所謂的大方、開展，那麼，就會形成「教練」太極，務空架子，虛有其表，收不到真正的太極拳的效應和好處。

實際上，太極拳的「舒展」，也是按其「要領」，規範鍛鍊下出現的一種感覺——伸筋拔骨般的舒展感覺，有點像幼年、少年時，一覺醒來，蹬腿伸臂一樣舒展，且其妙不可言喻，大大地遠遠地勝過這種舒展感覺。

這是基於盤拳架時，上頂下沉、進步退步、左旋右轉、內外一氣、弧形纏繞過程中，使身體各個部位、各種機能相互交織作用下，自然地激發出的一種機理效應。

這裏，歸結在筆者前面說過的一句話——太極拳的意思或境界，就在其「要領」規則中。

（原載《搏擊》二〇〇二年第四、五、七期）

太極拳的「鬆」與「緊」

練習太極拳的人都知道，練拳要放「鬆」；至於還要收「緊」，卻鮮為人知，似乎是個悖論。根據筆者多年練習的體會，可以肯定地說：有「緊」！這不僅不是悖論，而且屬於傳統太極拳本來應有之義。但這種「緊」，用的是「意」、「氣」、「神」而不是「力」，與日常人們感受中的那種「僵」、「硬」的「緊」的概念，完全不同。

不應忽視，太極拳中有個基本規則——對稱對應關係，即上與下、前與後、左與右、內與外以及虛與實、開與合、呼與吸等等。而「鬆」與「緊」，也是整體對稱對應關係中的一對。這些諸多的對稱對應關係，或者說矛盾關係，彼此是缺一不可的。二者之間若缺其一，就失去了對稱對應；失去了對稱對應，就會出現不平穩；立身不平穩，是拳家所忌，尤其作為內家拳的太極拳，更是大忌。這裏，單說「鬆」與「緊」，就從「鬆」與「緊」的關係中，來看彼此的互相依賴和不可或缺性。

「鬆」與「緊」之間，是互為條件、互相聯繫、協調動作、相得益彰的統一體。

「鬆」，以「緊」為存在前提；反之，「緊」，以「鬆」為存在前提。沒有「緊」，就沒有「鬆」；有「鬆」，就必然有「緊」。

「鬆」與沉、下相連；「緊」與起、上相隨。如果，只有「鬆」而沒有「緊」，這身軀不整個兒向下鬆塌了嗎？設想，這時「起」、「上」都不存在了，拳架還如何能盤得起來呢？

「鬆」與「緊」，在盤拳架中表現為下述三種狀態：

1.「鬆」、「緊」互有側重

一般在起、轉時，「緊」的狀態要重些、多些，因為這時用的是「頂勁」，「頂勁」可使力位上移，減輕下身負重，轉招換勢就顯得輕靈了。

一般在「開」之稍前，即寓「合」意，「合」時，「鬆」沉的狀態要重些、多些，因為這時用的是「沉勁」，「沉勁」可加大「開」的力度。

2.「鬆」、「緊」各半或對等

指對稱對應位點，相稱相應和對拔對拉的勁勢。

3.「鬆」中有「緊」，「緊」中有「鬆」

《太極拳論》上講：「有上即有下，有前則有後，有左則有右。」又說：「如意要向上，即寓下意」；反之，亦然。前後左右，同理。譬如，在盤拳架中，當「鬆」開下沉時，即寓上意，當收「緊」上起，同時下、上有「鬆」有「緊」，相稱相應，對拔對拉，使身體自然趨於中正。完成這一動作，靠的是「神」領、「意」催、「氣」促，雖說有「緊」，並不是硬、僵、繃意義上的「緊」，而是增進了「鬆」的境界。這是因為有對立面，即「緊」的調節。調節之後的「鬆」，屬於再「鬆」；再「鬆」，比初「鬆」，在「鬆」的程度上要大些。反之，「緊」，有對立面，即「鬆」的調節。調節之後的「緊」，屬於再「緊」；再「緊」，比初「緊」，在「緊」的程度上要大些。這樣，「鬆」、「緊」交替進行，並加深著「鬆」和「緊」的境界和力度。「鬆」到極致是「緊」；「緊」到極致是「鬆」。這是「鬆」、「緊」互相聯繫和轉換中的自然勁勢和實際感覺，反映了「鬆」、「緊」相通，物極必反的道理。

當「鬆」時，是「呼」氣；當「緊」時，是「吸」氣。所以，「鬆」與「緊」，體現在「呼」與「吸」中。

「鬆」與「緊」，同「虛與實」、「合與開」，是相一致的，因此，「鬆與緊」、「虛與實」、「合與開」，都體現在「呼」與「吸」中，或者說，「鬆與緊」、「虛與實」、「合與開」這些相稱相應關係，是統統由「呼」與「吸」這一對對稱對應關係來協調和動作的，正如拳論中所說：「氣為旗」。

隨著盤拳架中的上起下落，左旋右轉，進步退步，「虛與實」、「合與開」、「鬆與緊」，在「呼與吸」的協調動作下，配合得極其順遂，非常默契，十分自然，從而使周身出現一種鬆柔綿纏的輕靈勁勢和伸筋拔骨般的舒展感覺。這時，你就會對太極《十三勢行功心解》中所說：「心為令，氣為旗，腰為纛」有一些領悟了。

（原載《搏擊》二〇〇三年第三期）

太極拳「難」「易」說

關於太極拳有一種提法——「易學難精」。應該說，這種提法正反映了當前太極拳的現狀。

「易學」，是指學拳架。單是比劃拳架當然容易，好學。「難精」，是指練習作為內家拳的傳統太極拳意義上說的。

學時，單練拳架，脫離了太極拳的規矩（要領規則），自然打不出「內裏」的意思，更談不上「精」了。

當前有些太極拳，實際上形成了「教練太極」——空架子，徒有其表。你或許曾經在全國太極拳比賽中拿到過名次，可是，卻未必懂得太極拳「內裏」的意思。

實際上，太極拳學起來很「難」，難在兩點。

⑴ 太極拳的要領規則

基本上是內在的，即使是外在的，也具有內在的意思。譬如，「沉肩屈肘」（墜肘），是屬於外者，可它有內裏的意思，做得到位了，充分了，就會覺得兩臂處處虛實分明、內氣騰然暢行，並明顯地有增長的感覺。因而，不好掌握。

⑵ 太極拳的力道與人們日常生活中的習慣用力完全不同

人們的習慣用力是直來直去，用腳抬腳，用手出手，而太極拳的力道則主張用腰帶動。抬腳時，不是腳先動，而是腰先動，腰帶胯，胯帶膝，膝帶踝，踝帶腳掌達於腳趾尖；用手時，也不是手先動，而是腰先動，腰帶肩，肩帶肘，肘帶腕，腕帶手掌達於手指尖。這樣，要用太極拳的力道，就必須改變日常生活中的習慣用力。日常生活中的力，是人們後天形成的積習。既成積習，改起來就很難。

以上兩點，就是學習太極拳的難處所在，正是因為傳統太極拳的東西逐漸被丟掉了，所以形成了空架子——「教練太極」。

太極拳的意思或者說太極拳的境界，就在要領中，因此，須下功夫去體會、感悟和把握太極拳的要領，這樣，才能深入到太極拳「內裏」去，為健身和技擊上的特殊和超常效果奠定堅實的基礎。

其實，太極拳的要領，是很符合人體機理和力學原理的。當你沒有掌握之前，總覺得這些規則特彆扭，太生硬，或許認為是一種故弄玄虛。但是，你一旦領悟和掌握之後，就會感到原來本該如此，妙趣至極，變成你實際上的需要了。繼續深入，漸入佳境，你打太極拳時，就不會再有鍛鍊的辛勞，而純粹成為一種享受了。

（原載《中華武術》二〇〇三年第二期）

對《水無常形・順逆在心》一文的質疑

——與徐光華先生商榷

在《中華武術》二〇〇三年第二期上，看到了徐光華先生《水無常形・順逆在心》的文章。其中，有幾個問題，我想根據自己多年來鍛鍊的體會和理解，談點粗淺看法。

㈠頂勁與沉勁

徐光華先生在文中關於「陰陽相濟」裏，談到要「在不同動作中怎樣處理好身體上下的鬆與沉」——應該指出，這裏說的「鬆與沉」，是一個意思，即只有身體的下方。陰陽二者中，單有一方，怎麼能做到相濟呢？

「沉」，係下沉；隨「沉」「鬆」者，也向下。因此，「鬆」與「沉」的朝向，都是身體的下方。可見，陰陽二者中，有一方缺位。缺的是身體的上方，即上頂——與「下沉」相對應的是「上頂」。

身體的「下沉」，是「沉勁」；身體的「上頂」是「頂勁」。要處理好身體上與下的關係，就是要處理好「頂勁」與「沉勁」的關係。

「沉勁」，要求做到鬆沉；「頂勁」，要求做到虛靈。「沉勁」與「頂勁」並論，謂之陰陽；「沉勁」與「頂勁」相濟，就是身體上與下對稱對應、對拉對拔的勁勢。

身體的下與上怎麼對應？陰陽怎麼相濟呢？就是要「上則虛靈頂勁」，「下則氣沉丹田」。頂勁時，沉勁不丟；沉勁時，頂勁不失。沉中有頂，頂中有沉。身體的上與下，要有一種對稱對應、對拉對拔的勁勢，使軀幹正直鬆豎，下身沉穩，上身輕靈，圓轉便捷，神韻飄逸。

「頂勁」與「沉勁」，在太極拳中是具有綱領性的「一對」要領。二者不可缺一。若缺其一，陰陽失濟，就會出現偏頗。譬如，頂中無沉，則拔了底勁，立身不穩；沉中無頂，則形成鬆塌。

㈡用「意」與用「力」

徐光華談到「用意不用力」時說：「既然不用力，你調動『意』去幹什麼？別說是行拳，就是躺下睡覺，若要翻個身，不用力也是辦不到的。」這是對「用意不用力」這一太極拳要領的別解——「意」，調動的是「力」。徐進一步說：「人體的力，由合理的訓練可以增強。」並以舉重運動員為例明之。最後，又說：「練太極拳同其他體育項目一樣。」

徐光華關於「用意不用力」的議論，給我的印象是這不是太極拳的路子。「用意不用力」，這個太極拳的要領，應該肯定。「凡此皆是意，不在外面」，就是《太極拳論》帶有歸結性的一句話。太極拳一代宗師楊澄甫，也有一段話：「非若歐西之田徑賽等技，一說即明，略示便會，無精深玄妙之研究也。」「用意不用力」，這是太極拳的一個具有綱領性的要領，也是區別於外家拳的分水嶺。

為什麼要「用意不用力」？這是由太極拳的性質和力道決定的。

太極拳是內家拳，主張力由內發。內發，首需「意」領。即先有意動，繼而內動，然後形動。裏面不動，外面不發。以內促外，以外引內，內外合一，形神兼備。

「意」，怎樣來領呢？這要基於太極拳的要領規則和內功理法。此處點到為止，僅就相關問題簡單提一下。

太極拳的要領規則，大體上有十多個，但對每一個要領規則，都不能孤立地看待，而要把它當做互相關聯的整體。譬如，「虛靈頂勁」，它是整個要領規則中的「虛靈頂勁」，並直接與「氣沉丹田」相聯繫，並稱「一對」要領——上頂下沉；而「氣沉丹田」，又離不開「含胸拔背」和「沉肩墜肘」的配合，與其他要領規則的協調動作，把它概念化，可以總結為四句話——互為條件，互相聯繫，協調動作，相得益彰。

太極拳內功理法，由於其內在性質，因而特別強調「悟覺」，要朝夕揣摹，細心體會，加強自身的鍛鍊。否則，即使幸遇名師，也是惘然。

太極拳功夫達到一定程度，這時，「意」與「氣」「神」融為一體，單純的「意」被取代了，在層次上也相應提高了一步。

至於「用意不用力」，何以能長力？可參看楊澄甫《太極拳體用全書》中《太極拳說十要》之六。這裏從略。

㈢怎樣理解和做到「行雲流水」？

「雲」，是個什麼概念呢？

「雲」，像棉花團，浮在高空，隨氣流而移動，喻其「輕靈」也。《太極拳論》開頭第一句話就是「一舉動周身俱要輕靈」，就像高空的「行雲」一樣。

「水」，是個什麼概念呢？

「水」，其性就低，「水往低處流」，無往不利，喻其「通順」也。這裏指氣遍身軀，內氣運行得流利酣暢，就像地面上的「流水」一樣。

可見，「行雲流水」，首先是自身內裏的一種輕靈、通暢的感覺，而不是外部拳架要做成「行雲流水」的樣子。內裏的意思實在了、充分了，就必然要形之於外，在行拳走式中，顯露出「行雲流水」的勁勢。這正體現了太極拳「由內及外、以靜御動」的原則。

可見，「行雲流水」，是太極拳的一種「境界」。

練太極拳怎樣才能達到「行雲流水」的層面或境界呢？

要學習太極拳，就須按太極拳的規矩學，這就是「沒有規矩，不成方圓」的道理。太極拳的規矩，就是太極拳的要領。在這個意義上講，太極拳的意思或者說太極拳的境界，就在要領中。因此，須下功夫去體會、感悟和把握太極拳的要領，這樣，才能深入到太極拳內裏去，為健身和技擊上的特殊和超常效果，奠定堅實的基礎。

㈣ 太極拳將如何發展？

太極拳（包括其他拳種），係冷兵器時代的產物，出於軍事目的。這時，人們為了搏取功名，不惜傾注畢生精力，來打熬氣力，擇應手兵器。

在火藥發明後，逐漸趨向熱兵器時代。當中國有了火藥槍時，西歐國家已經有了洋槍洋炮；當中國有了洋槍洋炮時，西歐國家已經有了飛機、戰艦、大炮。這時，軍事目的的朝向，向著身外方向——研製先進武器方面發展。而發揮血肉之軀體能的拳術，自然逐漸被取代。因此，人體武術，要像古人那樣投入畢生精力熬練，已非其時；內功造詣，今人不會勝過古人。因為，世界上不論任何事物，都在受其所在時間、空間和條件的制約。當前的太極拳，已經逐漸形成「教練太極」——空架子，徒有其表，就是在這一大背景下出現的；當然，還由於太極拳是內家拳，其要領規則和內功理法，不好掌握。因此，真正意義上的傳統太極拳，觀其趨向，可能失傳。若果真這樣，就太遺憾了。因為，太極拳是中國文化中的瑰寶，是「健身的第一品牌」。

為此，我在近幾年來，把寫作的重點放在了太極拳方面。發表過一些文章，都是體會性的，意在給有志於繼承傳統太極拳者參考。我雖年近八旬，身體尚屬健壯，還想在這方面出把力，願拳友共勉之。

（原載《中華武術》二〇〇三年八期）

「心為令，氣為旗，腰為纛」

——太極拳的打法

「心為令，氣為旗，腰為纛」是太極《十三勢行功心解》中的一句話。太極《十三勢行功心解》，係傳統經典著作之一，是高境界層面的論述。可以說，這句話就是在高境界層面上，集中地形象地概括了太極拳的打法。

㈠

「纛」者，古時軍隊裏的大旗。大旗處，乃軍中主帥所在。主帥就是靠大旗來行兵佈陣和指揮作戰的。把腰比作「纛」，是形象地說明了四肢拳腳的運作，是靠腰來帶動的。

為什麼四肢拳腳的動作，不是習慣上的直來直去，而要由腰來帶動呢？這是源於太極拳的力道理論。太極拳認為力源在「腰際（脊）」，主張力由腰帶。

以腰帶動四肢拳腳，是對人們日常習慣用力的「背反」；其實，這種「背反」，越徹底，越對頭。因為，人們日常習慣用力，是後天不自覺地形成的拙力（詳見筆者《太極生活化》，刊於《搏擊》二〇〇一年第三期）。這種拙力對人們的健康遺害多多，到老年尤為明顯。克服這個較為困難，積習難改嘛，這正是學習太極拳的難點。但是，既然學習太極拳，就要按太極拳的規矩來，「沒有規矩，不成方圓」，這樣，才能夠較快地進入太極天地。太極天地，是個美妙無比的天地，如果你能夠真正掌握了「心為令、氣為旗，腰為纛」的打法，個中三昧，自會了然於懷。

由腰來帶動四肢拳腳，是總體意義上的，即處處是腰，腰無處不在，腰的運作十分細微奧妙，且越自然，越順遂，越對頭，絕不僅僅限於轉體才用腰的。

腰的運作，是同太極拳整個要則理法相一致而協調進行的。這裏說的腰是指「腰際（脊）」，放大理解為軀幹也沒錯。軀幹必須上下中正，不偏不倚，肩、腰、胯齊進齊退，一動俱動，一停全停，不可任意扭斜搖晃。

與腰的動作配合最為直接的是——上與下是「頂勁」、「沉氣」；左與右是「墜肘」、「沉肩」；中柱是「開胸」、「開背」（含胸拔背）。「頂」、「沉」主上與下的中正直豎；「肘」、「肩」主左與右的平衡沉穩；中柱主氣的通順。但須注意：上「頂」與下「沉」，不可有偏。即是說，「頂勁」時，「沉勁」不丟；「沉勁」時，「頂勁」不失。要「頂」中有「沉」，「沉」中有「頂」，絕不可有「頂」無「沉」，或有「沉」無「頂」。

否則，就會導致兩種毛病：偏「頂」，拔了底勁，立身不穩；偏「沉」，失去上力，出現鬆塌。違反了拳論——「對稱」理法。左右肘肩，「肘」是主要方面。肘離腰圈最近，肘離不開腰，腰離不開肘，互相支援，配合默契，是內裏與外面、手臂與周身相合的關鍵之處。同時，「肘」、「肩」還要與「開胸開背」、「頂勁沉氣」協作，與膝胯相合。中柱「開胸開背」（含胸拔背），「開背」是主要方面。胸開了，氣就通了；背開了，氣就順了。氣順了，表明背部平整不凸，就能夠牽動往來氣貼背，加大沉勁，力由脊發。胸、背開了，肩、肘就隨之沉墜了，氣就能夠下到丹田；胸開背開了，頸項自然趨於直豎，頂勁就達成了。

這樣，在「開胸開背」、「沉肩墜肘」、「氣沉丹田」、「虛靈頂勁」都形成的情況下，軀幹就上下中正，不偏不倚了。隨著頂勁和腰脊的動轉，形成上身與兩腿動作的上下相隨，兩腿就沒有負重感，顯得輕鬆，尤其是兩腳特別輕鬆。隨著頂勁和腰脊的動轉，在墜肘沉肩配合下，形成軀幹與上肢動作的協調一致，兩臂就顯得靈活，尤其是雙手特別靈活。

可見，腰際（脊、間）的功夫到了，就一應俱應，一得百得，這似乎正是太極先師們諄諄教導的「刻刻留心在腰間」的道理所在。

(二)

「旗」者，據《辭海》解(二)：事物的表識。杜預注：「旗，表也，所以表明其中心。」

太極拳是內家拳，是神、意、氣上的功夫。神、意、氣三者中，唯「氣」

的感性較強，它與人的自然呼吸節奏，與太極拳的「氣沉丹田、虛靈頂勁」，結合得恰到好處，天衣無縫。似乎拳架的招式，是隨著呼吸進行的，亦即隨著「氣」進行的。「氣」起著中心的作用，是謂「氣為旗」。

拳架的招式同人的呼吸如何結合起來？並如何結合得極其自然順遂？是學習太極拳過程中的難點之一。

這裏，歷來有兩種練法：一是硬結合，一是軟結合。前者，是將拳架的一招一式，納入呼與吸的範圍，如：合、虛、蓄、屈、退、起……為陰為吸；開、實、發、伸、進、落……為陽為呼。後者，主張呼吸任自然，到練至一定程度，自會順其自然地結合起來。呼吸一任自然，結合一任自然，這個過程的長短，與各人的悟覺和鑽勁相關聯。這裏，得有一個切入點，切入點在哪兒？根據筆者的摸索體會，就在「頂」、「沉」中。實際上，太極拳的呼吸法，就是「虛靈頂勁」、「氣沉丹田」，亦即「頂吸」、「沉呼」。但二者在結合上，不可專注呼吸。專注呼吸，要犯「硬結合」中的毛病：憋氣、喘氣、顧此失彼、動作飄浮。而要側重在「虛靈頂勁」、「氣沉丹田」上，這樣，心態才能安逸沉著，周身才能輕靈穩健，呼吸才能均勻深長。

這是因為，「吸」與「呼」以「頂」、「沉」為依託，「頂」與「沉」以「吸」、「呼」為導引，二者形成一體了，便產生相輔相成、相得益彰的效果。故心態顯得安逸沉著。隨著吸氣，側重頂勁（沉勁不丟），出現一種上引的力量，使得力位上移，從而減輕了下身負重；隨著呼氣，側重沉勁（頂勁不失），在開胸開背、肘墜肩沉的配合下，內氣下達丹田，使得下盤穩健，上身輕靈。故此，身體上、下都產生了一種既輕靈、又穩健的感覺。

這樣，心態安逸沉著了，周身輕靈穩健了，呼吸自會均勻深長的。呼吸均勻深長了，呼吸導引的作用，就發揮得更加充分了，亦即「氣為旗」的作用，發揮得更加充分了。

㈢

「心」者，據《辭海》解釋：心思，心意。古人以為心是思維器官。《孟子・告子上》曰：「心之官則思」，故把思想的器官和思想情況、感情等都說做「心」。此處，不僅單指思意，並把思意加以強化，做為「令」來看待，意即使軀體動作，嚴格納入太極拳的規範，是謂「心為令」。

「用意不用力」，是太極拳的要領之一，與「心為令」可以說是一個意思。如果說有區別，似乎是在層次上。「用意不用力」，是「心為令」的前階。初始學太極拳，就要求「用意不用力」，可是，這時的思意往往不聽支配，「要領」規則也掌握不了，思意與拳架相脫節，或很難結合起來。到了「心為令、氣為旗、腰為纛」的階段，這些早已不存在了，三位形成一體，相輔相成，相得益彰，達到了較高境界。這時，「意」與「心」，就很明顯地出現了差別：前階，空虛；後階，實在。之所以說實在，是因為到了後階，「心」（意）就建立在有感的基礎上了。這是因為，太極拳的每一個要領規則，只要做得到位了、充分了，都有相應的反應和感覺，而打法達到「心為令、氣為旗、腰為纛」的層次，要領規則在盤架走式中，體現得更加規範和充分，內在的反應和感覺，也更加強烈。而這些反應和感覺，是隨「心」演練產生的，亦即是在「心為令」下產生的。

感覺反映給大腦，大腦意識到感覺並使這種感覺在演練中更加充分和深進；這個深進了的感覺，再反映給大腦，大腦意識到深進了的感覺並使這種深進了的感覺再加充分和深進。如此，循環往復，不斷遞進，太極境界就會較快地攀高。你看，這時「心」（意）的狀態，就目標明確地有所依著地進行活動，就成為有感的實在的東西了，「心為令」的作用，就顯現得更清楚了。

以上，是倒過來說的。能夠做到「心為令、氣為旗、腰為纛」的打法，這時，形、氣、神三者，已經得到統一，形成一個完善的整體了。

㈣

「心為令、氣為旗、腰為纛」的打法，按照太極拳的要領來循序漸進，就可達到，筆者就是這樣經歷過來的。筆者曾在有關文章中講過：「太極拳的境界，就在其要領中。」可是，在對待太極拳的要領上，當前有兩種情況較為多見：其一，是按字面意思，隨意解釋；其二，是搞神秘化或繁瑣哲學。有的是在口頭傳授中曲解，有的還出現在專刊上或書本裏。例如，對「含胸拔背」就是這樣。其實，「含胸拔背」是指內裏的一種主要感覺——氣感。

「含胸」，是指胸部內氣向胸腔周圍彌散，形成圈狀，好像把胸腔包圍住一樣，含者，包含也，是謂含胸。

「拔背」，是指氣貼於背，即「牽動往來氣貼背」。在牽動往來氣貼背較充分當中，與「頂勁」、「沉氣」上下對拔對拉相配合，在背部就出現了一種上拔的勁勢，是謂拔背。

筆者習慣把「含胸拔背」稱之為「開胸開背」，因為這樣既形象，又好理解。胸開了，氣就通了；背開了，氣就順了。能夠做到「開胸開背」了，上身就能夠寬鬆、輕靈了——這是「一舉動周身俱要（能）輕靈」的先決條件。

「胸開背開」了，在「墜肘沉肩」、「虛腋」、「頂勁、沉氣」等的配合下，內氣在背部、胸周、腋下、兩臂運行得流利酣暢，十分舒爽。

開背（拔背），難度較大，至於為什麼難？難在哪裏？請參看筆者《如何把握太極拳的要領》（《搏擊》二〇〇二年第四期）。

又例如，對「通三關」人們普遍有種神秘感，有的書本裏在講述上也帶有濃重的繁瑣哲學味道。

三關的位置，指人體背後的玉枕關、夾脊關、尾閭關。玉枕關，指人體仰臥時的頭部背後著枕處；夾脊關，在人體俯臥時正當背後與兩肘尖連線的正中處；尾閭關，在脊椎骨的最下端，上連骶骨。通三關，指內氣連成一線貫穿三關而過。太極拳的打法達到「心為令、氣為旗、腰為纛」時，已經能夠「周身輕靈」、「氣遍全身」了，自然也就能夠氣「通三關」了。

臨將擱筆，再重複一句：太極拳的境界，就在其要領中。

應該說，太極拳的要領不是人為故做的主觀規定，而是客觀地反映了人體機理、生理、力道的需要，極符合哲理的；也可以說，太極拳是人體力道的藝術。因而，能夠極大地發揮人體各個部位機能的個動和聯動潛力，能夠極大地增進人體健康。所以，太極拳是人類健身最好的品牌。

（原載《搏擊》二〇〇三年第十期）

談談楊氏太極拳的「三盤」

在楊氏太極拳中，稱「腰」為「中盤」，「胯」為「下盤」，「肩」為「上盤」。「三盤」，以「中盤」為主宰，融為一體。

「下盤」（胯），也叫「底盤」。「底盤」要穩住，放平，放正。只有「底盤」穩住平正了，軀幹才能中正直豎，就像石碑的底座一樣，底座穩住平正了，石碑才能豎得正直穩當，不致歪斜傾倒。

太極在盤拳架時，「底盤」始終要穩、平、正。怎樣才能做到穩、平、正呢？總體上講，就是要遵循太極拳的要則理法，只有依照太極拳的規矩，才能成就太極拳的方圓。

說得具體些、直接些，就是在「沉勁」時，要「開胸、開背」（含胸拔背），「肩」要放鬆，「肘」要曲墜，並側重「開背」，以氣下，這時，氣就下沉「丹田」；「頂勁」時，也要「開胸開背」，「肩」要放鬆，「肘」要曲墜，並側重「開胸」，以神提，順項貫頂，虛靈之氣形成，或者說，「虛靈頂勁」形成，這裏說的「頂勁」不單指頭部，而是從胯（底盤）以上皆要神提，經腰而上，順著脖頸，貫至頭頂。

頂勁時，沉勁不丟；沉勁時，頂勁不失。上下有股對拔對拉勁勢，使得軀幹直豎中出現一種空靈憩適伸筋拔骨般的舒展感覺。

至於為什麼要在「沉勁」時側重「開背」、「頂勁」時側重「開胸」呢？這是由於人們在後天演變出一種拙力，就是這種拙力導致軀幹形成病態，即不同程度的凹胸凸背，隨著年齡的增長，凹凸形狀越來越大。

「開背」，是在糾正凸背；「開胸」，是在糾正凹胸。「背開胸開」了，胸、背就都平正了，內氣就能通順了，這樣，就能有效地增進軀幹的直豎。軀幹直豎了，也相應驗證了「底盤」是穩、平、正的。

「底盤」和軀幹都穩、平、正了，「平送腰胯尾閭垂」才能成為可能。「底盤」穩、平、正了，兩腿就會被帶動得順勢靈便，氣感充盈；「邁步如貓行」就自然而然地形成了；腳底似「植地生根」的感覺也就出來了。

「上盤」（肩），要鬆沉。

在盤拳架時，「上盤」（肩）始終要鬆沉、虛腋；與「肘」相隨；與「頂勁」配合；與「開胸開背」協作。

「肩」要鬆沉，就須「虛腋」，不「虛腋」，雙臂就會貼著軀幹，僵硬勁去不掉，使得內氣受阻。肩的放鬆，須與肘相隨；肘的曲墜，可以加大肩鬆的程度，使之達到鬆沉境地。

尤須注意的是，要與「頂勁」配合，與「頂勁」配合起來，才能體現出輕靈勁勢，否則，就會導致「上盤神不頂，一身難輕靈」的毛病。

這裏，要特別留神，「頂勁」時，「肩」不能相隨俱上（相隨俱上是拙力，或叫生活習慣用力）；相反，肩要鬆沉，肘要曲墜，勁向底下，這樣，有頂有沉，有上有下，對拔對拉，就出現一種伸展虛靈勁勢。

再就是與「開胸開背」協作好，因為，兩臂與胸背相連，與「開胸開臂」協作好，可增大兩臂的靈活性，增強兩臂的氣感；在與「開胸開背」協作，並側重「開背」的同時，結合「頂勁」，「拔」背（一種勁道）的感覺，就明顯地出來了。這些與肩直接相關的部位配合得越充分，肩（上盤）的作用就發揮得越充分。

「中盤」（腰），係力源所在，四肢拳腳皆由這裏帶動。上行——腰（中盤）帶肩（上盤），肩帶肘，肘帶腕，腕帶手掌達於指尖；下行——腰（中盤）帶胯（下盤或底盤），胯帶膝，膝帶踝，踝帶腳掌達於腳趾。可見，「上、下盤」皆由「中盤」帶動，「中盤」在「三盤」中，居主宰地位。

老論喻腰為「纛」、為「車軸」，這樣比喻是很恰當的。士兵的作戰行動，必須服從司令部的號令；車輪的轉動，必須先有車軸轉動的帶動。可是，人的四肢拳腳動作，在後天背離了「力源」，養成自動、直動的不良習慣，已成積習。因此，短時間不易進入太極「力道」裏去，這要有個思想準備。

在學習中間，不可道聽塗說，不可自作聰明，要嚴格按照太極拳的要則理法鍛鍊，尤其要嚴格納入被腰脊帶動的狀態，即四肢拳腳不可直接出動，不可自行其是，不可局部比劃，不可零星亂動；並且，腰脊的帶動必須本著太極拳腰脊的規範來，而不是人們習慣上理解的那種腰的帶動。如此，才能逐漸體現出太極輕、柔、綿、纏的勁道與腰的奧妙功能和獨特感覺。

「底盤無腰換，進退如拌蒜」，「順項貫頂」起自腰，這是前輩們用反證經驗來說明腰，即「中盤」的作用。可以說，處處是腰，腰無處不在。所以，太極先師們指出：「命意源頭在腰際（脊）」，「刻刻留心在腰間（脊）」。

談到「中盤」，就自然聯繫到「肘」，因為，太極拳的所有動作，都是「肘」離「中盤」最近。二者，密切相關，互相協作，是內裏與外面、手臂與周身相合的關鍵之處，因此，要求——肘要曲墜，意向中盤。「中盤」合乎要則理法了，行拳走式的綱就抓住了。

「三盤」在動作過程中，同時伴隨著內氣的運行。要說明這點，還須接著前面提到過的一句話往下談，這句話是：「這時氣就下沉丹田」。

當丹田之氣達到一定程度，就向外彌散——向下，經襠沿兩腿內側至湧泉，再由湧泉順兩腿外側而上至胯；向後，即向丹田背後彌散，再及兩旁，與由下而上之氣會合，共同形成「胯氣圈」。「胯氣圈」之氣上行至腰，形成「腰氣圈」。「腰氣圈」之氣上行至肩，形成「肩氣圈」。「肩氣圈」之氣再繼續運行，彌散至兩臂及雙手。這樣，「三盤氣圈」都形成後，就「氣遍全身不稍滯」了。

「三盤」及其相關部位的要則理法體現得越充分，動作就越得體，氣感就越酣暢。這時，可以說就達到了練意、氣、神的階段了，盤起拳架來內裏的意味就濃厚了，即便是外行人看了，也會有舒服的感覺，這與單純的比劃個拳架的所謂的太極拳完全是兩碼事兒。

（原載《搏擊》二〇〇四年十期）

承前啟後的經典之作

——讀李雅軒《太極拳隨筆》《談太極拳》

㈠

今年二月份，師妹李敏弟（李雅軒老師之女）、師弟陳龍驤把他們合著《楊氏太極拳法精解》一書郵贈給我，這才看到老師的《太極拳隨筆》和《談太極拳》遺作，如獲至寶。

太極拳的早期著作《太極拳論》、《明王宗岳太極拳論》、《十三勢行功心解》，均係太極拳高層次高境界的論述，被拳界推崇為經典。對此，李雅軒老師統稱為「老論」，並十分看重和強調，經常提醒人們——「當本老論」、「當本老譜」，意即這是學習太極拳必須遵循的方向和途徑。

「老論」精深玄妙，沒有相當基礎，是不易理解和把握的。李雅軒老師的遺作——《太極拳隨筆之一、之二》和《談太極拳》，處處講在根本上，處處體現了「老論」的精髓，並有切身體會和生動比喻，就是出自正宗的深入淺出的東西，既容易看懂，又具有可操作性，是當今僅見珍品，應屬「承前啟後」的經典之作。

(二)

我們知道，太極拳是內家拳，是集技擊和健身為一體的最佳拳種，是中國的可貴傳統文化遺產，是瑰寶。可是，我們這一代人能不能把它承接過來，傳之後代呢？根據當前情況看來，是個大大的問號！這樣說是否有點危言聳聽呢？這裏，不妨分析一下：

首先，看看當代太極拳壇上兩位權威名家吧。

一位，名聲顯赫，並有著書，聽說已經作古。從他的著書看來，總體上是枝節皮毛的東西，全篇累牘儘是些概念和說教，且雲遮霧障，撲朔迷離，說不對吧，還帶點意思，說是對吧，壓根兒不是那麼回事兒，就是惟獨沒有他自己的真實體會和感受的東西。至於帶有原則性的錯誤，插在後面談吧。

另一位，係國內外知名人士，也有著書。對他，實際上人們議論不少，說他沒有繼承了他家的東西，只是個空架子，沒味道；還說，他是在誤傳、誤導，等等。看起來，我們的權威名家徒有虛名。

其次，看看當前太極拳的現狀和走向。

太極拳本是體、用兩途，由於其內家拳見功慢，從事徒手搏鬥的專業人員如武警等，一般少有採用，因而，主要側重在健身方面。

太極拳對於健身來說，應該說是很好的，曾在《武林》雜誌上看到個提法，說「太極拳是健身第一品牌」，此說，我表示贊同，因為太極拳能夠使人體的各個部位、各個機能都得到全面的鍛鍊，如果能打出內裏的意思的話。

遺憾的是，作為太極拳的精華，即內裏的東西被丟掉了！剩下來的就是個空架子！

當前各地所見到的晨練太極拳就是這個樣子，有其形而無其實，筆者管它叫「教練太極拳」（曾在有關文中使用過）。還有人利用太極拳緩慢、柔軟、美觀的特點，派作表演用場，可叫它「表演太極拳」吧。

還有些自命不凡的高人，他們專門在形式上做文章，由拆散、挑選、拼湊、重組的方法，把長的改為短的，把多式改為少式，並美其名為「××太極拳」。按說，既嫌老太極式子多，需時長，那麼，老太極原本就是分為三集的，你可以採用其中一集或兩集就是，可他不，硬是要完全打亂，另行組合，其目的，是要否定原來的一些東西，並從中肯定自己的一些東西，這重新作了改組的太極拳，應該說，已經不是原來的東西了，就像一個國家的政府內閣，改組了的內閣，就不是前屆的內閣一樣。

你看，他們對老太極橫挑鼻子豎挑眼，說，老太極中沒有右式，有缺陷，不全面，該加個右式進去；要麼，自己另外創造個什麼式子，起它個什麼名稱，加了進去。

一言以蔽之，當前流行的太極拳，是異化了的太極拳，有其名而無其實。即使是用於健身，其效果有限得很，相當於一般活動，壓根兒起不到傳統太極拳的那種作用。因此，異化了的太極拳，不等同於傳統太極拳，這在概念上應該區分清楚。

至於為什麼會是這種情況?有兩方面的原因。

(1) 時空條件發生了質的飛躍的變化

太極拳的產生和鼎盛期，都在冷兵器時代。出於戰爭目的，人們為了搏取功名，不惜投入畢生精力，來打熬氣力，擇應手兵器。火藥發明後，就進入了熱兵器時代，這時，戰爭手段的朝向，是研製先進武器，現如今已經發展到原子、核子時代，再在血肉之軀的體能上做文章，已非其時。

(2) 太極拳確實是很難學

難就難在太極拳的「力道」與人們習慣用力及其力的概念是兩碼事，完全不同。這種不同，不是太極拳在標新立異，故弄玄虛，而是人們在後天本能地演變出一種拙力，這種拙力背離了力源——腰脊，因而給人體帶來了種種弊端。譬如，人的體形前彎後弓，凹胸凸背，形成病態；腰軀相對停滯，內臟得不到應有的鍛鍊，疾病叢生；下肢負重過量，得不到應有的轉移，易患腿疾，等等。

應該說，太極拳的「力道」，就是人體力的根本，這正是發明太極拳的前輩先師的偉大發現，其目的可以說就是針對和校正人體拙力的。拙力得到校正，人體就能夠保持健康，益壽延年。

遺憾的是，人們對太極拳缺乏真正的瞭解；加之，傳授和學練太極拳的人，又偏偏拋開了太極拳作為內家拳的性質，而主觀地、片面地從習慣力、從習慣力的概念、從形體動作來解釋太極拳的要則理法，這就必然牛頭不對馬嘴，沒有不出錯的。

就以前面所提權威名家的第一位來說，他的書中對「含胸撥背」的解釋就是錯誤的，這個筆者在《心為令、氣為旗、腰為纛——太極拳的打法》（《搏擊》二〇〇三年十期，總第二〇八期）一文中談到過，這裏從略。

其中，還有一句：「脊柱要在背肌牽引下節節鬆沉直豎」，這話的錯誤更帶有原則性，即只有「下」而無「上」（「直豎」，是牽引下鬆沉中的狀態，其朝向仍是「下」方），《太極論》云：「有上即有下」，反之亦然，單有「下」而無「上」，這就背離了「對稱」理法。

㈢

就這樣，太極拳基本上偏離了傳統軌跡，走向異化道路。

你如果要跟形勢，圖簡便，喜歡當前異化了的太極拳，你學就是；你如果想真受益強身體，那就要認真地按照傳統太極拳的規矩學。傳統「太極拳功夫，是內功，是氣功，是柔功，是靜功」，儘管學起來吃力些，但對人體各個部位、各個機能的健康，都有極大好處。

傳統太極拳的「方圓」，就在傳統太極拳的「規矩」裏。

其實，在傳統太極拳的「經典」著作中，有「方圓」，有「規矩」，只是由於人們的習慣力背離了「力道」根本，走得很遠，很遠，甚至成為兩碼事，所以，在理念上、實踐上都很不適應。進不到太極拳的「力道」裏去，就不會真懂得太極拳。

在權威名家中，真正的行家裏手少見或不見，道理也在這兒。看來，在經典作家與當代人之間出現了斷層，這是筆者曾經考慮過的問題。看到李雅軒先生的《太極拳隨筆之一、之二》和《談太極拳》後，驚喜地發現，他的這三篇遺作，就是出自正宗的深入淺出的東西，就是填補當今斷層空白的僅見珍品，且處處講在根本上，處處體現了「老論」的精髓，十分地道。因此，筆者稱之為「承前啟後」的經典之作，似不過分。

（原載《武林》二〇〇四年十期）

也談「關於虛領頂勁、氣沉丹田」

——與祝大彤先生商榷

在《武林》二〇〇二年第十二期上，看到祝大彤先生《關於虛領頂勁、氣沉丹田及其他——學習王宗岳〈太極拳論〉之四》文章後，對其中的兩個問題，我想根據自己多年來鍛鍊的體會和理解，談點粗淺看法，以供探討和研究。

一、祝文與原作相悖

1. 關於「虛領頂勁」

原作王宗岳《太極拳論》是——虛「靈」頂勁；

祝大彤先生文中提的是——虛「領」頂勁。

看起來僅一字之差，但是，字面意義不同，內蘊實質也不同。

原作：「虛『靈』頂勁」，從字面意義來解釋：百會，係名詞，此處略；頂，係動詞，指由下而上；勁，係與頂連用，即頂勁（楊澄甫《太極拳說十要》中，是連用的，頂勁者……）；虛靈，係副詞，指頂勁要虛靈。是說，頭頂百會；頂勁要虛靈自然。

祝文：「虛『領』頂勁」，其解釋是：頭頂百會輕虛地往上領起」。這裏的「領」，顯然是個動詞。一句話，僅四個字，就有兩個動詞，於語法不合。

原作：「虛『靈』頂勁」的「虛靈」，據筆者的實際體會與理解，既是要求，也是目的。說它是要求，是指上「頂」時，要「虛」頂，不要「實」頂，力避硬、僵、緊勁兒；說它是目的，是指實踐頭部往上「虛」頂的過程中，要遵循太極拳要則理法，並須經過一定時日，直至做得到位了、充分了之後，相應從「內」裏產生出的一種實際感覺，即「虛靈」勁勢——一種「勁道」，可使力位上移，減輕下身負重。

祝文：「虛『領』頂勁」的「虛領」，其解釋是，要把「自己的精神顯現在頭頂上，主管陰陽，總之，從練拳第一天開始，頭頂永遠保持虛領」——是將起始的「意虛」，當作了「虛」的全部。

這裏，祝文把硬勁基礎上的「形式虛」、「意念虛」，同經過太極要則理法修練達到的「感知虛」、「虛無虛」混為一談。

2. 關於「氣沉丹田」

祝文把原作「氣沉丹田」的「沉」，歧解為「存」、「留」。並舉出嵩山少林寺大師的說法和一位丹田練成病態者為例來證實歧解的正確。由此得出結論：「看來氣沉丹田不宜提倡」——這裏，由歧解「沉」字，並用不對路的拳證，否定了原作「氣沉丹田」這一太極拳的基本要則。

祝文對原作「虛靈頂勁、氣沉丹田」的歧解與否定，是有他自己的一套理論為根據的。

祝先生的理論根據如他所說：「學習拳論的過程，是練拳修練的實踐，不能單從字面上理解，要從自己身上體驗，符合的朝著正確的拳理拳法修練，不符合，要走出來。」

又說：「前人的大環境與當代相去甚遠，歷史背景不同，文化修養不同，通訊手段靠口頭傳播，有可能以訛傳訛，或中間加入個人體會，甚至予以篡改。」

「要從自己身上體驗」。這句話很值得推敲！就「體驗」說，有錯有對，有淺有深，有低有高。就「自身」說，各個「自身」太多了，各個差別也太大了。因此，由各個「自身」作出的「體驗」，也會千差萬別。

如果每個人都根據自己的體悟，都來「妄解菩提」，都來定義詮釋，那真成了眾口歧調，各說各理。

這正是真正意義上的傳統太極拳，越來越走形變異，以致形成當今「教練太極」——空架子，徒有其表之所在。

二、原作係經典之一

傳統太極拳，傳至今日出現變異，除客觀原因外，主要在於拳種的內在性質及其精深玄妙的理法，不易被輕易參透。

太極拳確實很難學。難，簡單地具體地說是兩點：其一，太極拳的要則理法，基本上都是內在的，不好掌握；其二，太極拳的力道，與人們日常生活中的習慣用力完全不同，積習難改。

說太極拳很難學，不等於說，學無途徑，無所遵循。

1. 學好太極拳的具體途徑

「沒有規矩，不成方圓」。太極拳的規矩，就是太極拳的要領規則。太極拳的境界，就在其要領規則中。

太極拳的要領規則，楊式是楊澄甫《太極拳說十要》和李雅軒老師教授的十六條規則。這裏，值得一提的是，李雅軒老師規則中，有一條是「呼吸任自然」，這是具有創建性發展性的一條，突破了傳統太極拳呼吸與拳架硬結合辦法所帶來的負面作用——憋氣、喘氣、顧此失彼。

話到此，順便聯繫個相關故事：有一次，我在老師家裏聆聽老師講授中，他說自己「對於太極拳，我也是剛入門而已」。這句話，在時隔五十年以後的今天，我才有所領悟，似乎是說：

「太極拳的路途，是個細心體悟、耐久磨練、沒有止盡的艱難歷程；太極拳的境界，是個精深玄妙、技藝無窮、難攀極頂的神聖殿堂。以有限精力，追求無限歷程；以暫短人生，追求無窮技藝。相對之下，能夠達到的層次，只能是有限的。」

老師當時對出書，還持猶豫態度，說「好多東西還是老師的」。他把尚未洗出的拳照底片都給我看過。近年得知有個《太極拳隨筆》集子，我已離開四川省，無緣拜讀。老師的務實與謙虛，給我啟發很大。只有按照太極拳的「規矩」，才能成就太極拳的「方圓」。

2. 學好太極拳的必修經典

有《太極拳論》、《明王宗岳太極拳論》、《十三勢行功心解》等。

經典作家造詣，今人難望項背。

拳術，早年出於軍事目的，產生和鼎盛期，都在冷兵器時代。火藥面世後，趨向熱兵器時代，這時，軍事目的之朝向，向著身外方向即研製先進武器方面發展；而發揮血肉之軀體能的拳術，自然逐漸被取代。今昔時空條件不同了，今人還能勝過古人嗎？

太極拳的遺傳經典，是國家的寶貴財富，也是太極拳必須遵循的方向。沒有方向，不辨東西。

三、相關的幾個問題

1.太極拳「虛」的概念

太極拳攀登的高境界，是「虛無」、「空靈」。其途徑，是透過逐漸丟掉硬力、僵力來實現的。圖示如下：

硬勁→僵柔勁→鬆軟勁→輕靈勁→虛無勁

可見，實現過程是由實到虛，由有到無，由物質到精神；也可看出，係由低級到高級，分層次遞進的；還可看出，「硬勁」基礎上的「虛」的意思，與達到「虛無」境界的「虛」的意思，是絕對不同的。

這裏，舉個較為淺顯的實例來說：

在盤拳架時，兩條腿要分清「虛」與「實」。踏地穩定身軀的一條腿為「實」；提起往開邁的一條腿為「虛」。這是「硬勁」基礎上的「虛」的形式。此時，虛腿有沒有出現「虛」的意思，就要看學者鍛鍊的悟性了，一般說來是辨不到的。

這是有具體反應的，或者說是有具體標準的。如果有，「虛」腿，尤其是「虛」腳，會產生明顯的「鬆」的感覺；如果沒有明顯的「鬆」的感覺，那就沒有「虛」的意思。「鬆」，就是「虛」的前階。

在「硬勁」起始基礎上的意「虛」，到出現實在的「虛」的感覺，還需要有一個過程。即使出現了「虛」感，也是初始的，同中間過渡階段的意「虛」，以及到高級階段的「虛無」，是有程度區別的。

至於頭部的上「頂」，道理是相同的，但是，難度要大些，過程要長些，感覺也不盡一樣。那種「虛靈」勁勢，根據筆者的體會，是一種神清氣爽、輕鬆舒適、近乎空靈的感覺。

祝文曰：「從練拳第一天開始，頭頂永遠保持虛靈」，對此說法，我是持懷疑態度的。因為，在初學階段，「神意」是不聽人的意識調遣的，不可能一蹴而就；再者，練拳起始的第一天，「虛」的實際感覺尚未出現，「靈」勁，就更談不上了。

2.「氣沉丹田」是太極拳的基本要則

太極拳是內家拳，它不同於外家拳。外家拳是筋骨肌肉上的力氣；太極拳是「神、意、氣」上的功夫。外家拳練的是有形的東西；太極拳練的是無形的東西。因此，「氣」，是太極拳的三要素之一。

這裏所說的「氣」，包含兩個意思。其一，是指肺部出入交換的空氣；其二，是指隨意識在體內運行的氣息。

待太極拳的要則都掌握了，拳架與呼吸結合達到自然順遂的程度時，就會感到「氣」隨著呼吸的節奏在體內運行，這是「潛氣內行」，即「氣遍身軀」之謂也。

太極拳的「氣」，據筆者的親身體會，是下沉丹田後，從丹田降「會陰」，順兩腿內側下至「湧泉」，經「湧泉」從兩腿外側再回到丹田，丹田之氣向後散發，再及兩旁，形成「胯氣圈」，再上形成「腰氣圈」，再上形成「肩氣圈」，「肩氣圈」之氣再彌散至兩臂及雙手，而遍身軀運行的。

沉勁時，是呼氣，氣入丹田，丹田呈鼓起狀態；頂勁時，是吸氣，氣出丹田，丹田呈收縮狀態（用的是「潛呼吸」，亦稱「反自然腹式呼吸」）。丹田之氣，就是這樣隨著「沉、頂與呼、吸」，有入有出，遍體運行的；而非單入不出。因此，「氣沉丹田」絕不會形成「丹田練得鼓鼓的、硬邦邦的，像扣上一口鍋，生存下去也困難」的情況。

而相反，「丹田」又稱「氣海」，古書有云：「丹田是氣海，能銷吞百病」，太極在盤拳架始終，呼吸連續不停，丹田氣流不斷，丹田處熱感明顯，「丹田暖暖，有如登仙」，相應強化了「氣海」的功能，能夠強身健體、益壽延年。

在這方面，筆者進步不大，但已受益匪淺，年近八旬，沒有一般老年性疾病，腿腳俐索，背部不駝，行動方便，常到圖書館、書店、書攤、公園轉遊，還從事文學和太極方面的寫作，由於身體沒有什麼病痛和不適，所以，往往在思想上忘卻自己是耄耋老人的事實，有時在公共汽車上遇到別人給讓座，還反應不過來。

「氣沉丹田」與「虛靈頂勁」，並稱「沉勁、頂勁」，都是一種勁道，在太極拳中是具有綱領性的、也是最基本的一對要則，缺一不可！

3.學習太極拳「悟覺」很重要

由於太極拳是內家拳，它的要則理法都具有內在性質，所以，學習太極拳相應要求精神內向，提高悟覺，去潛心體會、感悟和把握，否則，即使幸遇名師，也是惘然，進不到「內」裏去的。

（原載《武林》二〇〇五·一）

太極拳的「上下、前後、左右」

(一)

這個題目，也許有人看後會發笑的，在他們看來，這樣淺顯易懂的道理，誰人不曉，何人不知，還值得提出來嗎？實際情況也是，在太極拳中從來沒人談起過；在專業期刊上也沒有見到提出和討論過。大概就是因為它太容易太簡單了吧！其實不然，這是人們從方位對稱和習慣用力上去理解的結果，是十分錯誤的！可以說在太極拳中這是個「忒易反難」的事例。

「有上即有下」、「有前則有後」、「有左則有右」，這三句話，出自《太極拳論》。筆者曾在有關發文中說過「老論」（包括《太極拳論》、《明王宗岳太極拳論》、《十三勢行功心解》）係高層次、高境界的論述。理解的前提條件，要有相應的實踐過程；沒有相應的實踐過程，是不可能理解的。亦即沒有達到那個檔次，就不會知道那個檔次的奧妙，就像「要知道梨子的味道，必須親自嘗一口」一樣。

所以，沒有進入太極拳「力道」（注釋見後）裏去的拳友，即使他鍛鍊的時間再長，或者名聲再大，甚或享譽權威名家之稱，也依然是門外漢，不會真懂得太極拳的，因而，也不會真懂得這三句話。就是進入太極拳「力道」裏去，如果主要還在練「形」階段，而沒有達到練「意、氣、神」的階段，也不會完全懂得這三句話。

(二)

「有上即有下」、「有前則有後」、「有左則有右」，概括地講，是一種對稱勁道，係意、氣、神的東西。

談到意、氣、神，就涉及到太極拳的性質了。太極拳作為內家拳，就是練的意、氣、神的功夫，是無形的東西；不像外家拳，練的是筋骨肌肉的功夫，是有形的東西。兩者有著本質的區別。一般有兩種混淆情況較為常見：

一是用習慣力和習慣力的概念來解釋太極拳的要則理法；

二是把外家拳的一些東西硬往太極拳上套。這就牛頭不對馬嘴，簡直是亂攙和。

本來，上下、前後、左右，是融入一式，融為一體的，難以分割。但是，為了側重瞭解和敘述上的方便，只好分開講了。

首先，談談「有上即有下」。

「有上即有下」，反之亦然。這裏，不單指方位的上面與下面、高處與低處相對稱的關係，而主要是指動態中上、下之間一種對稱關係中的勁道。此處舉「白鶴亮翅」式為例以明之：

由前式「提手上勢」，背北面南，左實右虛，意欲向左方正面，因而，上身向左側轉，順勢收回右腳，斜向踏出，屈膝坐實，這時，身隨右實之勢就相應轉向了左方正面，左腳帶至右腳前，腳尖著地，成左虛步。同時，左手心隨身勢圓轉至胸前合於右臂肘裏，在腰脊隨鬆沉隨提頂下，帶動左手從左側斜向下展開至左胯旁，手心向下，右手斜向右頭角上展開，手心側上。

其間，胯以下使氣下沉，落於腳底，與地面接通，胯以上腰、胸、項、頂部以神往上提頂。在隨下沉、隨提頂，即「有下即有上」成式時，就明顯地感覺到「底盤」（胯）平正了，「底盤」以上拉正直了，「底盤」以下極為穩當。一種上與下對稱的勁道就出來了。

以「氣」下沉時，相伴隨著有「意」、有「神」，但以「氣」為主；以「神」提頂時，相伴隨著有「意」有「氣」，但以「神」為主。上與下，在意、氣、神運作中對拔對拉的結果，上下正直了，胸開背開了，此時，在胸圍、背部、腋下氣感充盈，上身輕靈，下身沉穩。

這裏，請注意，人們隨著年齡的增長，凹胸凸背越來越重，就是因為只有「下」而沒有「上」的緣故。

太極造詣達到一定程度，一些要則理法就自然而然地融入生活中，也就是做到了「太極生活化」，能夠經常保持「開胸開背」（含胸拔背）狀態，到老不駝背，這是因為「開胸」係糾正凹胸的，「開背」係糾正凸背的。不僅此也，胸開了，氣就通了；背開了，氣就順了；氣能夠通順了，對人體健康有極大好處。

「有上即有下」，反之亦然。這是太極拳的一條獨特理法。《太極拳論》僅三百三十八個字，在論述對稱關係中，首先提到了它。

有位太極拳壇上的權威人士，在他的書中寫道：「脊柱要在背肌牽引下節節鬆沉直豎」（這裏筆者注：直豎，係鬆沉中的狀態，其方向仍然是隨之朝下的），可見，這裏只有「下」而無「上」，背離了「對稱」理法。應該是——背肌鬆沉時（同時相應包含胸肌鬆沉），而脊柱要反向以神提頂，「凡此皆是意，不在外面」。

當做「有上即有下」，反之亦然的同時，前與後、左與右諸多部位的相稱，如胸背、兩肘等等，也都在其中了。前面提到過「上下、前後、左右」本是融入一式，融為一體的。

其次，談談「有前則有後」。

「有前則有後」，反之亦然。這是說的前、後相對稱關係中的一種勁道，係意、氣、神的東西，「不在外面」。此處舉「攬雀尾」式按式為例以明之：

接前「攬雀尾擠式」回抹的蓄式，身前坐成右弓步，雙掌隨之前按，這時為開為發。手掌係隨腰脊前向按去，意遠勁長，相應開胸開背（含胸拔背），沉肩墜肘，加強手臂的沉勁。同時，襠勁穩住，氣沉丹田，頂勁不失，有沉有頂，身軀中正直豎，足底勁似植地生根、內氣通地，手勁往前發，足勁往後蹬，以「稱」前後之勢。

當做「有前則有後」，反之亦然的同時，同上理，上與下、左與右諸多部位的相稱，也都在其中了。

第三，談談「有左則有右」。

「有左則有右」，反之亦然。這是說的左、右相對稱關係中的一種勁道，係意、氣、神的東西，「不在外面」。此處舉「野馬分鬃右式」為例以明之：

接前式斜單鞭，左足以足跟為軸，腳尖向右移動踏地，屈膝坐實，右足腳跟鬆回、腳尖虛點地，重心移於左腿左側，然後提膝開胯將右足緩緩斜向踏出，屈膝坐實。同時，右小臂就勢斜向右上方分出。當右小臂向右上方斜向分出之稍前，左手亦須隨左實之勢，稍從左斜向後開，用沉勁以「稱」右手和右邊之勢。這是意欲向右，必先左去。野馬分鬃左式，用意與右式同，方向相反，這是意欲向左，必先右去。

當做「有左則有右」，反之亦然的同時，同上理，上與下、前與後諸多部位的相稱，也都在其中了。

以上說的是上與下，前與後，左與右的「相稱」，相稱部位一處有一處的相稱，處處總此一相稱；還有肩與胯，肘與膝，手與足，內與外的「相合」，相合部位一處有一處的相合，處處總此一相合；再就是虛與實的分清，虛實部位一處有一處的虛實，處處總此一虛實。凡此皆是意、氣、神，不在外面。

在「心為令、氣為旗、腰為纛」的打法下，全身上下，從裏到外，氣勢團聚，四平八穩，「無缺陷」，「無凹凸」，「無斷續」，心舒體靜，神意內斂，周身輕靈，氣流酣暢，行雲流水，此時此際的盤拳架，即使是外行人看了，也會有舒服的感覺。

㈢

前面提到過太極拳的「上下、前後」、「左右」，是一種對稱勁道，係意、氣、神的東西。

太極拳的要領中有一條「用意不用力」，這裏的「意」與「意、氣、神」的「意」，是一個意思。外家拳用的是「力」；太極拳用的是「意、氣、神」。「力道」不同。

太極拳的「力道」概念，歸結在兩點上：

(1) 力源——腰脊；

(2) 載體——意、氣、神。

腰脊帶動四肢，必須本著太極拳腰脊帶動的規範來；而不是人們習慣上理解的那種腰的帶動法。這一點首先要引起注意，要分清楚，並要遺棄習慣力。

太極拳不像外家拳，單學會形體動作是遠遠不夠的，必須深入到內裏去，體會內裏的東西。因此，它特別強調悟性！若是沒有悟性或缺乏悟性，即使幸遇名師，也是惘然。

吾師李雅軒先生對此十分看重，經常提醒人們去思、去想、去悟，並說太極拳是聰明人練的拳。要有悟覺！要提高悟覺！

（原載《武林》二〇〇五・二）

體悟太極拳的「鬆」

在與拳友們的接觸和觀察中發現，他們都不真懂太極拳的「鬆」。在期刊上讀過一些關於「鬆」的文章，但不是曲解，就是含糊不清。因此，筆者不避淺陋，想根據自己多年來鍛鍊的體會，談點看法。

打太極拳的人，都知道要放「鬆」。但是，接受「鬆」的理念，是思想印象和習慣用力。從思想角度上講，難免「刻意」為之；從習慣用力上做，則完全背離了太極對「鬆」的要求——這就是說，太極拳的「鬆」，不是人們一般認知的和隨便就能做到的。

太極的「鬆」，寓於太極拳的「要則理法」中，是特定意義上的。可見，對於「鬆」，有這樣兩種概念——習慣上的「鬆」和太極拳的「鬆」。前者，人們都懂得，都能夠輕而易舉地做到；後者，則是陌生的，需要經由把握太極拳的「要則理法」去感覺，去體現。

太極拳的「要則理法」，都是一種勁道。因而「鬆」，也是一種勁道。它在「形」體方面，主要與「沉、下」協同運作，稱作「鬆沉」。這裏請注意，太極拳講究「對稱」勁兒，說「鬆」時，不能離開它的對立面——「緊」。一提到「緊」，在拳友圈裏從未聽到有此一說，似乎是個悖論，即不知道有「緊」，這就從反面證明了不真懂得「鬆」。

實際上，「鬆」與「緊」是互為條件、相輔相成的，既對立，又統一，彼此密切關聯，不可分割，在太極拳中是一對「對稱對應」的關係。如果沒有「緊」就談不上「鬆」了。但這種「緊」是「意」緊，不是僵、硬、繃意義上的緊，關於這點，筆者在《太極拳的「鬆」與「緊」》（《搏擊》二〇〇三年第三期）一文中，已經論述過了，這裏從略。

「緊」，體現在形體動作的「起、上」中，這裏體現為「提頂」，與「鬆沉」相對稱，不可缺一，若缺其一，那就偏了，背離了拳論——「對稱」理法。只有在「緊」協調下的「鬆」，才是完整的「鬆」，這種「鬆」才能遞進，才能漸入「空靈」境界。

「緊與鬆」（「頂」與「沉」、「上」與「下」）的關係，是太極拳整個「對稱」關係的綱，具有「綱舉目張」的作用。

可見太極拳的「鬆」，不可單用、偏用，也就是說，是有條件的，不是絕對的，不是打太極拳過程中整個都要放「鬆」，若是如此，那就只有「鬆」而無「緊」（只有「沉」而無「頂」，只有「下」而無「上」），形體就會形成鬆塌，導致下身負重過量，引起腿疾，如關節痛等病，如果練低架子，慢動作，那就更加滯重，副作用會更大。所以，這裏再重複一句，把它概念化——「鬆」，與「沉、下」順向相隨；與「起、上」逆向協作。有「鬆」就有「緊」，相稱相應，不可有偏。

在總體上來講，太極拳的「力源」在腰際（脊），因而，主張四肢要由腰脊來帶動。這就是說，四肢不是自行動作，不是直接動作，而是被動地像絲連線掛在軀幹上一樣由腰脊帶動起來運作，自然就相對地顯得「鬆」軟多了；且這種運作，又用的是「意」，即完全用意識鼓動著身勢來做，不使一點力，從而更增進了「鬆」軟的程度；加之，在「緊」的協調下，「緊」到極致便是

「鬆」，「鬆」到極致便是「緊」，「鬆」、「緊」交替，對立轉化，使「鬆」益臻完善。如此走出來的勁勢，「鬆」不顯鬆塌；「輕」，不失其重；「柔」，不丟其剛；「棉」不棄其硬；「纏」，不拋其直，極有味道。

由腰脊帶動的四肢運作的「力的載體」，單是「意」還不夠，完整地說是「意、氣、神」三位一體。這就是說，「形」體動作要同「意、氣、神」融為一體，渾然無間，到了這個時候的「鬆」，才能做到「鬆」得完整，「鬆」得均勻，「鬆」得一致，「鬆」得瀟灑。

由上可知，太極拳的「鬆」是特定意義上的，是根據太極拳的「要則理法」練出來的，而不是刻意做出來的那種鬆塌的鬆。

（原載《武林》二〇〇五・三）

太極拳今論

太極拳是個古老的拳種。由於它集健身和技擊為一體，且又具有動作緩慢、柔軟美觀的特點，深受群眾喜愛，因此，在全民健身熱潮中，形成太極拳熱，是很自然的現象。但是，人們不禁要問：當今流行的太極拳與傳統正宗的太極拳一樣嗎？要回答這個問題，不是用一個「是」或「不是」就能說清楚的。

當今流行的太極拳的拳架，在總體上說，沿用了傳統太極拳的式子，教授的規則，也講的是原來的那些規則，從這方面看好像一樣，但其實是不一樣的！這是因為：盤拳架使的是「習慣上的力」；講規則脫離了「內裏的意思」。因此，當今流行的太極拳，是走偏了、異化了的太極拳。

傳統的正宗的太極拳的「力道」，與人們「習慣用力」是兩碼事，完全不同。「習慣用力」係直觀反映，直來直去，用手伸手，用腳出腳。

而太極則認為力源在「腰脊」，主張四肢要由腰脊來帶動，上行：腰帶肩，肩帶肘，肘帶腕，腕帶手掌達於指尖；下行：腰帶胯，胯帶膝，膝帶踝，踝帶腳掌達於腳趾尖。

即四肢腳手要完全納入被帶動的狀態，不可直接出動，不可自行其是，不可局部比劃，不可零星亂動，並且，腰脊的帶動，必須本著太極拳腰脊的規範來，而不是人們習慣上理解的那種腰的帶動。

如此再融合其餘規則在內走出來的勁勢，才是地道的輕柔綿纏，兩臂又軟又重，用於技擊，入裏透內，絕非臂腿手腳的比比劃劃。

傳統的正宗的太極拳的「規則」，基本上是內在的，不可以單純用形體外在形象來解釋。

譬如，「含胸拔背」，在外在形體上講，是指胸和背都要平正，不凹不凸；在內裏說的是一種主要的感覺——氣感。

「含胸」，是指胸部內氣向胸腔周圍彌散，形成圈狀，好像把胸腔包圍住一樣，含者，包含也，是謂含胸；

「拔背」，是指氣貼於背，即「牽動往來氣貼背」，那種情況，就像熱得出汗、內衣貼在脊背上一樣，實際上沒有出汗，內衣也沒有貼在脊背上，而是一種內氣運行中的感覺。在牽動往來氣貼背較充分當中，與「頂勁」、「沉氣」上下對拔對拉相配合，在背部就出現了一種上拔的勁勢，是謂拔背。

筆者習慣把「含胸拔背」稱之謂「開胸開背」，因為這樣既形象，又好理解。胸開了，氣就通了；背開了，氣就順了。胸開背開了，相應的感覺也就都有了。胸和背，都是腰脊的一部分，「開胸開背」（含胸拔背），實際上是腰脊帶動四肢運作的一種勁道。

「沉肩墜肘」，看來好像是外在的，但有其內在的意思。太極拳的所有動作，都是「肘」離「中盤」（腰圈）最近，是內裏與外面、手臂與周身相合的關鍵之處，因此，要求「肘」要曲墜，意向「中盤」。再就是「沉肩墜肘」與「開胸開背」相輔相成，二者到位了，氣就下沉丹田，做得充分了，可加強丹田氣感；「氣沉丹田」了，自然就「順項貫頂」、「虛靈頂勁」形成。

「虛靈頂勁」、「氣沉丹田」、「開胸開背」、「沉肩墜肘」這四個要領都做得到位了、充分了，胯氣圈、腰氣圈、肩氣圈就相應形成了，這時氣感充盈，就達到了「氣遍身軀不少滯」了。

這四個要領，是最基本的，能夠做得到位了、充分了，其他規則也相應容易做到。這是因為太極拳的各個規則之間，是相通的一個整體。這恰恰反映了人體各個機能之間也是相通的整體。

太極拳功夫，能夠把人體部分和整體機能的潛力充分激發和調動起來，使之達到不可思議的美妙境界，讓人體超常受益。

打太極拳「用意不用力」。即用意識（思想或心）作用於腰脊，腰脊作用於四肢手腳，如此由內及外，所以說太極拳是內家拳。「意」在這裏，不是抽象的虛無飄渺、游移不定的念頭，而是高度集中在拳式的運作上，這樣習練到一定程度時，就會產生出物質力量——一種勁道！

傳統的正宗的太極拳，傳至今日為什麼會走偏、異化呢？其實，走偏、異化倒是順逆理而成「章」，就習慣而自然的，若長此下去，很可能失傳。

原來，人們在後天本能地、自發地演變出一種拙力，這種拙力背離了力源——腰脊，四肢自動直動，已成積習。

四肢自動直動的結果，給人體帶來了種種弊端，譬如：腰軀相對停滯，內臟得不到應有的活動，疾病叢生；身形前彎後弓，凹胸凸背，形成病態；下肢負重，無上力轉移，易引發腿疾，等等。

《武林》雜誌二〇〇四年第十期彭國相先生文，說練太極拳的人，甚至名家，出現膝痛，有一稱「太極皇后」者，兩次住醫院動膝關節修復手術。原因就是後一條，說具體點兒，是由於習練不得法，背離了太極拳的規則。

太極拳講究力的對稱，《太極拳論》云：「有上即有下」，反之亦然。人們只知道向下「放鬆」，卻不曉得向上「提頂」（以「神」提頂），因此，形成鬆塌，下肢負重過量，導致膝關節受損。

彭文還說：「廣大習練太極拳的群眾，正在受到傷害，然而他們卻不知道，因此急需儘快解決。」怎麼解決呢？原則地講，得回到一個哲學概念上，即「形式與內容的有機統一」。任何事物都有一定的形式，任何事物也都由一定的內容構成。沒有內容，形式就不能存在，沒有形式，內容也不能存在。太極拳的拳式，是由太極拳的理法決定的。

當前的太極拳，保留了傳統太極拳的拳式——形式，而背離了其理法——內容，當然要出毛病。出路有兩條：要麼，走傳統的正宗的太極拳路子；要麼，就完全改成體操式的高姿勢、快動作。

可見，拙力背離了力源，已是積習難改，加之拙力引發的弊端，更加大了難改的程度。一言以蔽之，人們已經完全習慣「拙力」了，完全習非成是了，對於太極這種獨特的與「拙力」相背的拳術，仍然以「拙力」來解釋，這就必然南轅北轍，牛頭不對馬嘴了，因而進不到太極「力道」裏去，掌握不了其要則理法，是自然的事，出現走偏、異化，也是不足為怪的。

太極拳的「力道」，起到了正本歸源的作用，應該說，這是一門學術，是太極前輩先師的精心研究和偉大發現，是一項了不起的功績。太極「力道」及其規則，或者說太極拳功夫，既符合生理學、力學和哲理，又吸取了中國傳統的關於人體筋絡穴位的相關東西，而且還融合了道家佛家的修心養性功夫，相當縝密完善，是健身和技擊的最佳拳種，對上述人體「拙力」及弊端的校正是針對性的，對強身健體，益壽延年，有獨特功效。它是中國、也是全人類的極為寶貴的文化遺產。

為此我們應該大力提倡學習傳統的正宗的太極拳。

傳統的正宗的「太極拳功夫，是內功，是氣功，是柔功，是靜功」，「是應本著太極拳的規則，細細地去練、去悟，日子久了，就一定會奧妙發現，在健身方面、應用方面都有了」——這是吾師李雅軒的一段話，引在此處，用以說明，這就是學習的方向，也作為本文的結束語。

（原載《博擊》二〇〇五年第四期）

體悟太極拳的「力道」（勁道）

筆者在《太極拳的上下、前後、左右》（《武林》二〇〇五年第二期）一文中，提到太極拳的「力道」，歸結在兩點上：1.力源——腰脊；2.載體——意、氣、神。這裏，想把它展開來談談。需要說明的是：太極，妙極！要把它講清楚，難極！筆者剛入門，只能是初步的、粗淺的體會和理解，至於更深層次，更高境界以及相應的精細敘述，尚屬力所未及。

㈠

說「力源」在「腰脊（際、間）」，四肢要由「腰脊」來帶動運作，這相對於「習慣用力」講，似乎是一種悖論。因為，人們在習慣上，四肢是自動、直動的。

太極「力道」，悖於「習慣用力」，此說能站得住嗎？

首先，我們從人體生理構架上看。腰椎間出了毛病，下肢輕則疼痛，重則不能行走；頸椎間出了毛病，上肢輕則疼痛，重則抬不起來。可見，四肢是連在脊椎上的。腰，在軀幹的中部，連上接下。因此，太極把「腰」、「脊」並提，說「腰脊」是「力源」所在，主四肢運作的。

其次，我們從古往今來的實踐看。傳統太極是這樣沿傳下來的。筆者多年習練，也充分證明了這一點。可以肯定地說，以腰脊帶動四肢，是從太極特定意義上講的，既不是習慣理解的用腰帶動，也不是當前流行的太極拳教習中講的那種用腰帶動。

㈡

「沒有規矩，不成方圓」。太極的方圓，是基於太極規矩的。太極的規矩，就是太極的要則理法，或者統稱為太極規則。太極說「力源」在「腰脊」，主張四肢要由「腰脊」來帶動運作。「腰脊」的帶動，是由有關「腰脊」的規則來實現的。有關「腰脊」的規則主要是：「含胸拔背」、「沉肩墜肘」、「虛靈頂勁」、「氣沉丹田」。下面分別說來：

1.含胸拔背

可分三個層次理解。

第一個層次：是說的形體外在的一種狀態，即胸部和背部，都要平整，不凹不凸。換句話說，就是要把人們不同程度的凹胸凸背狀態校正過來。

第二個層次：是說的內裏的一種主要感覺——氣感。在胸部，其內氣向胸腔周圍彌散，形成圈狀，好像把胸腔包圍住一樣，含者，包含也，是謂含胸；在背部，有氣貼於背的感覺，就像熱得出汗，襯衣粘在脊背上一樣，實際上沒有出汗，襯衣也沒有粘在脊背上，而是一種內氣潛行的感覺。背部狀態規範了，氣貼背的感覺充分了，與「沉勁」、「頂勁」上下對拔對拉（指意、氣、神）相配合下，就會出現一種上拔的勁勢，是謂拔背。

「含胸拔背」這條規劃，是指內裏的感覺說的，不好懂，多有曲解、誤解。因此，筆者把它通俗化，稱之為「開胸開背」，這樣，既形象，又好理解，也反映了實質問題。

這是因為，胸開了，氣就能通；背開了，氣就能順。胸和背的內氣通順了，胸和背的外在狀態也就平整了，不凹不凸了。

第三個層次：胸和背，是軀幹的一部分，亦即是「腰脊」的一部分。所以實際上「含胸拔背」（開胸開背）是「腰脊」帶動四肢運作的一種勁道。這種勁道，用的是胸和背的「開」勢（指意、氣、神）。

不單「含胸拔背」是一種勁道，太極拳的各個規則，都是一種勁道。

2.沉肩墜肘

也分三個層次理解。

第一個層次：「沉肩墜肘」與「含胸拔背」相輔相成。「含胸拔背」成式，氣就下沉丹田，並在肩與肘的沉墜作用下，加大了丹田的沉勁，使下盤穩固。

第二個層次：「沉肩墜肘」與「虛靈頂勁」相反相成。在順項貫頂，「虛靈頂勁」形成同時，與提頂方向相反，肩與肘仍保持沉、墜放鬆狀態，此時，正如拳經所云：「順項貫頂兩膀鬆，束肋下氣把襠撐」，有上有下，有頂有沉。

第三個層次：「沉肩墜肘」的「肘」，離「中盤」（腰圈）最近。在「腰」的運作過程中，「腰」離不開「肘」，「肘」也離不開「腰」，兩者相輔相成。並且，「肘」還是內裏與外面、手臂與周身相合的關鍵之處。因此要求「肘」要曲墜，意向「中盤」，充分發揮「肘」的相輔相合作用。

3. 虛靈頂勁、氣沉丹田

這兩個要領，需要在一起說。這是因為，這兩者之間的聯繫，更為緊密。本來，太極拳的各個規則之間的聯繫都非常緊密。這恰恰反映了人體各個機能之間聯繫的緊密程度和不可分割性。

「虛靈頂勁」，說的是「頂」勁的狀態和朝向。狀態要虛靈，朝向是上方。「氣沉丹田」說的是氣的穴位和朝向。穴位是丹田，朝向是下方。

「虛靈頂勁」與「氣沉丹田」，這裏，「頂」與「沉」係指上與下呈一線的反方向運作狀態。目的在於將身軀對拔對拉成鬆直形狀。因此，要求上「頂」不丟「沉」，下「沉」不失「頂」，亦即沉中有頂，頂中有沉，不可有偏，偏則違反了太極「對稱規則」。

「虛靈頂勁」與「氣沉丹田」，還主氣的呼與吸。亦即頂吸沉呼。實際上，「虛靈頂勁、氣沉丹田」，就是太極拳的呼吸法則。

腰脊的運作，要按上述四個規則的規範來；並且，從中還必須用意、氣、神去催動，才有勁，才夠味，才是太極拳！否則，單憑腰脊的自然機理去帶動，其能量微弱有限，這正是人們（類）四肢自動直動的根據。

胸開背開了，軀幹就直了；頂勁、沉氣上下對拔對拉，使身軀更加中正鬆豎；在沉肩墜肘的輔成下，這四個規則配合得極其得機應勢。一言以蔽之，腰脊帶動四肢主要借助——胸背開勢，頂沉對拔，都係意、氣、神。

㈢

太極功夫的高境界，是虛無勁、空靈勁。這似乎給人一種玄乎的印象。其實，你只要按太極的「力道」去練、去悟，是能夠做到的！作為太極載體的意、氣、神，看不見，摸不著，就是虛無的。乘著這種虛無的載體，自然就會到虛無的彼岸！

既說「載體」，又道「乘著」，應該是實實在在存在的東西。

以太極的規則，去規範人體動作，或者說，把人體動作，納入太極規範，用的就是「意」。

動作與「氣」，是相互結合的——動作趁著呼吸；呼吸促使動作。這就是太極《十三勢行功心解》中講的「以氣運身」。

可見「意」、「氣」兩者有實體依著。而意、氣、神，三位一體，不可分割，當然，「神」也就有實體依著。太極練的就是「意、氣、神」，三者中以「神為主帥」（「神為主帥」見楊澄甫《太極拳說十要》之八）。

太極習練，就是逐漸丟掉硬僵勁，最後到達虛無勁的過程。以圖示之：

硬勁——僵柔勁——鬆軟勁——輕靈勁——虛無勁

換句話說，是由實到虛的過程。實與虛，是一對矛盾，是對立的統一。我們應辯證地去看。

(四) 四個原則性理法。

1. 中正鬆豎

中正，指的是直、穩。直了，穩了，就不會前傾後倒，左斜右歪。這是個物理或力學常識。用在人體上，有兩種情況：

一種是人們一般理解的中正，如軍操中的立正；另一種是太極的要求——中正鬆豎，包括尾閭垂直，底盤平正，鬆腰塌胯，沉肩墜肘，含胸拔背，項豎頭正，虛靈頂勁，氣沉丹田等規則。這在太極「預備式」就要做到的，也基本上是做氣功的站樁。

太極關於「中正」的要求，是起碼的，但是一般人做不到；練太極拳的人，進不到太極「力道」裏去的，也做不到。這是因為人們都有不同程度的凹胸凸背。這是一種生活定型狀態和習慣，隨著年齡的增長，凹凸程度會越來越大，積習難改，須下點功夫。

太極「含胸拔背」（開胸開背）規則，可以說，就在於校正凹胸凸背的。凹胸凸背，若是得不到校正，身軀就「中正」不了。關於「含胸拔背」的概念，前面已經談到了，可分三個層次理解。這三個層次是互為條件，互相依存，內外一致的。

胸和背的外在狀態規範了，胸和背就都開了。胸開了，氣就通了；背開了，氣就順了。因而，胸和背內裏的氣感也就都有了。反之，胸和背內裏的氣感都有了，說明胸和背都開了，都平整了，不凹不凸了。胸和背講的就是「開」勁，就是要在這種「開」勁的自覺感覺狀態下，帶動四肢運作。放大範圍，即以「腰脊」說，以心（思想、意識）作用於腰脊（包括胸和背，前面說過，胸和背都是腰脊的一部分），以腰脊作用於四肢，這樣，由內及外來運作，所以說太極拳是內家拳。

「含胸拔背」（開胸開背）與同整個腰脊帶動四肢運作的這種勁道，做得越順遂、越自然，胸和背的外在狀態就越平整，胸和背的內裏氣感就越充分，連及腋下和兩臂內氣運行酣暢，拳意就上了手掌，達於指尖，拇指肚出現脹感。《太極拳論》云：「神宜內斂」，就是指的要意識類似這種內裏的感覺。

太極每個規則，都有相應的內裏反應。若沒有出現反應，說明你沒有做到。做到了，必然有反應出現。內斂的「神」，是有它內裏相對應的東西，因而，並非空無所有。

2. 對稱對應

在盤拳架運作過程中，這條理法，可使身勢不失「中正鬆豎」。不要認為，只有「預備式」才是「中正鬆豎」的姿勢；其實，在盤拳架過程中，「中正鬆豎」的感覺，才更明顯、更實在、更充分、更奧妙。這是因為，「預備式」是初始動作；行拳走式逐漸往後，越來越順應、越得勁、越自然，也就是越來越進入境界。

對稱對應的部位，如上與下，前與後，左與右等等皆是。其中，上與下或頂與沉，是太極整個對稱對應關係的綱，具有「綱舉目張」的作用。《太極拳論》云：「有上即有下」。反之亦然。

這裏的上（頂）與下（沉），係指上與下呈一線的反方向運作，這在人們實際生活中是不存在的，是太極特有的，或者說是太極的一個突出特點，也是傳統太極與流行太極實質上的判別點或分水嶺。它的運作辦法，靠的就是意、氣、神。

這種上與下的反方向運作，形成一種對拔對拉的勁勢，使腰脊變得格外中正鬆豎，此時，腰脊連同附著的筋絡和肌肉，在對拔對拉中伸長，出現拔骨、伸筋、鬆肌般的舒展感覺。如果要打個比喻，就像直上直下拉一根皮筋似的，不過不一樣，這是個物理現象，沒有發自人體的美妙感覺。

同理，前與後、左與右以及四隅等等，都要對稱對應。對稱對應是要穩住重心、立身中正、鬆淨安舒、使力平衡，如太極《十三勢行功心解》所說，能夠「支撐八面」。如此走勢，都是腰脊和意、氣、神的運作。

只要這樣行拳走勢，才能有「內固精神，外示安逸，邁步如貓行，運勁如抽絲」的感覺和氣勢。

3. 內外相合

這裏，是指人體內裏和外面，要「合為一氣，渾然無間」。具體講，外面：肩與胯合；肘與膝合；手與足合。內裏：心與意合；意與氣合；氣與力合。內裏和外面，形成整體，合為一氣，神為主，心為令，氣為旗，腰為纛，以此來行拳走式。這些，最終都要統一在「守竅」一點上。

所謂「守竅」就是「意守丹田」，或者說，思想專駐丹田，就像把丹田作為一場戰爭的指揮部，思想就是指揮官的指令，呼吸和一切動作，都由這裏發出，由這裏號令，由這裏指揮。如此一來，好像進入另一種境界，拳架運作，顯得平穩，有根基，有底氣，勁勢整，不飄浮，非常得勁，十分順應，極其自然，似乎正是反映了人體機理的實際需要。可以說，太極拳的整個兒規則理法，都具有這種性質，而不是人為的主觀的刻意規定。

4.自然順遂

這一條，是由太極力道決定的。在盤拳架時，四肢就像絲連線掛在軀幹上一樣，被動地由腰脊帶動，並在神領意催氣促下運作，遵循的就是「自然順遂」的理法。這在前輩先師們的教導中，不乏其例，如「呼吸任自然」，「以氣運身，務令順遂」等是。

太極力道，排斥硬勁、僵勁和拙力（習慣用力），可以說，進入太極力道的過程，就是逐漸克服硬勁、僵勁和習慣用力的過程，也是逐漸走向「自然順遂」的過程。

「自然順遂」，同時還是檢驗習練太極拳對路與否的一條準則。凡是習練不得法，不對路，就會感到彆扭。出現彆扭，就是提供了一種信號，應該及時針對性地排除。否則，將錯就錯，繼續下去，會導致種種不適。如果一直不改，堅持依舊，還會帶來疾病。

這在當今「流行」太極拳（對應方：傳統太極拳）的習練人群中，已有事實應證，也刊發在專刊上，此處不再舉例了。

（原載《武林》二〇〇五年九期）

試解楊氏太極兩個「境界」

㈠「柔腰百折若無骨，撒去滿身都是手」

這句話，出自楊氏太極一代宗師楊澄甫著《太極拳體用全書》中「轉身擺蓮式」說明。

「柔腰百折若無骨，撒去滿身都是手」，說的是身體的一種感覺、一種境界——遍體透空，拳意達於四梢（手腳）。原文中的「手」字，是個白字，應作「梢」。「手」和「梢」，字音相近，屬成書校對或印刷中出現的錯誤。至於怎樣才能達到這種境界，這裏，根據個人習練體悟，作個試解：

筆者在《體悟太極拳的「力道」》（《武林》二〇〇五年九月）一文中，解說「含胸拔背」要分三個層次理解。此處，接著說第四個層次——胸腔周圍的氣圈，向內裏彌散；貼於背部的氣，也向內裏彌散。這樣，胸背之氣，合二為一，形成輪狀。這時胸和背及其內裏，出現鬆空的感覺，肩周及兩臂氣感酣暢。在此之前，亦即在胸開背開下，氣就能夠下沉丹田，丹田之氣充分了，就向後和兩旁彌散，胯周及兩腿，氣感充盈。

在胸背開勁和頂沉對拔動作進入深層中，軀幹的鬆空感和四肢的鬆柔感進一步加大，就進入「遍體透空，拳意達於四梢」的境界了，也就是說的「柔腰百折若無骨，撒去滿身都是梢」。

㈡太極拳內裏的東西指的是什麼？

在拳友們談論中，往往聽到這樣的話：「太極拳太難了，打了幾十年，沒打出內裏的意思來」，或說「把太極拳的東西丟了」。那麼，太極拳內裏的「意思」或「東西」指的是什麼呢？「根據筆者多年的習練體悟，大體上可概括為下述兩個方面：

⑴氣　感

氣感，是在意識指導下，運用丹田呼吸和太極力道盤拳架時，引發內氣在體內潛行中產生的感覺。這種感覺，主要有三種類別——熱呼呼；麻嗖嗖；涼蔭蔭。

熱呼呼——「丹田」，又稱「氣海」，吐納隨著呼吸的自然節奏，內氣觸動丹田，反覆頻率高，因此產生熱能，故丹田出現近似燒灼的熱呼呼的感覺。背部，由於牽動往來氣貼背的頻率高，所以，也有極為明顯的熱感。氣的熱感是遍及身軀的，唯獨這兩處很突出。

麻嗖嗖——係屬經絡打通了的感覺，就像中醫針刺引起的麻感。不同的是，針刺屬局部治療，刺穿皮肉，有痛感，不舒服；太極，屬內氣潛行，遍及全身，通經舒絡，安逸暢快。

涼蔭蔭——是遍體鬆空、透空下出現的感覺，有如一座經久騰空無人居住的房屋，偶爾進去產生的空落、陰涼感覺。但不同的是，這種比喻屬物理現象，太極盤拳架出現的涼蔭蔭感覺，是發自人體的一種空靈、美妙的境界，極為舒服。

這三種氣感，是各自的，又是綜合的。各自出現的美妙，綜合於一體，美妙的境界更高。

(2) **機理感**

機理感，是指人體的各種機能，在太極規則理法的調動下，出現的機理效應，即鬆肌、舒經、拔骨和啟動內臟引發的舒展感覺。例如：對稱勁引發的伸展感、鬆舒感；抽絲勁引發的纏繞感；內氣潛行引發的三種氣感等。

氣感和機理感，二者是相通的、統一的。這大體上就是太極拳內裏的「意思」或「東西」。這個，用「習慣力」盤拳架，是絕對出不來的。

（原載《武林》二〇〇六・一）

正確理解太極拳的「意」

——兼答香港吳汝華等先生

太極拳有一條要領——「用意不用力」（見楊氏太極一代宗師楊澄甫《太極拳體用全書》中「太極拳說十要」之六），這裏說的「意」，特指同「氣、神」和「腰脊」運作融為一體的一種主要的勁道，是這個意義上的「意」，它已經不再是頭腦中空洞的意識、思想了，也就是說它已經形成了一種物質合力，太極拳「用」的就是這種「意」——一種勁道！

為了同外家拳和習慣上的「力」區別開來，太極拳稱作「勁」。

這不單是叫法上的不同，在實際運作上和效果上，都是不一樣的。

外家拳和習慣上的「力」，是由四肢手腳自動和直接發出的；在太極拳中，四肢手腳是被動地像絲連線掛在軀幹上一樣，用「意、氣、神」和「腰脊」帶動起來運作。

外家拳和習慣上的「力」，是硬力，致人於傷，在皮肉；太極拳的「勁」，是柔勁，致人於傷，入裏透內。

香港吳汝華先生說，「沒法想像」和「無法瞭解」「用意不用力」。應該說，對於傳統太極拳，人們都是陌生的，不理解的！這是因為：

①傳統太極拳的理法太抽象，境界太玄妙，難以理解和把握；

②它的力道（勁道）與外家拳和習慣上的「力」的概念，完全不同，是兩碼事，對此，人們要麼就不知曉，要麼即使知道點兒，也受習慣力的影響，進不到太極勁道裏去；

③加之，有那麼一些所謂的行家權威人士出來誤傳誤導，因此，當今流行的太極拳，大體上可以說是走偏、異化了的太極拳。

筆者這樣講，並非妄言，而是有根據和標準的——就看你盤拳架是用的太極力道（勁道），還是習慣力。如果是後者，那無疑就是走偏、異化了的太極拳，認真地說，這就不是太極拳！這是因為，用「習慣力」打太極，壓根兒出不來太極的境界！例如，周身輕靈，氣遍身軀等。這個無須他人品評，各人自己就能對號入座。

為了說明兩者的根本區別，這裏順便舉個例子。

從事太極拳鍛鍊的人，都知道這樣一個常識——盤拳架要用腰脊來帶動。對此，有位在國內外極負盛名的太極權威在著作中說是「腰軸旋轉」；而下面的實際情況，確都如此。這實質上是背離了太極的要則理法，單純地從字面上去解釋的結果，是大錯特錯的。

腰脊的帶動，是靠胸背開勁（含胸拔背）和頂沉對拔（虛靈頂勁、氣沉丹田及對稱理法），都是用的意、氣、神！關於這個，筆者在《體悟太極拳的「力道」（勁道）》（《武林》二〇〇五年九期）和《試解楊氏太極兩個「境界」》（《武林》二〇〇六年一期）兩文中已有詳述，這裏不再重複。

（原載《武林》二〇〇六年第四期）

太極拳「抽絲勁」

「抽絲勁」，是太極功夫達到了基本程度（指盤架子，完全丟掉了習慣力，並能夠體現太極拳的基本境界）之後，出現的一種境界。一般不好理解和做到，也難以用語言文字表述清楚。這裏，試著根據個人多年習練的切身體會，從盤架子方面粗淺地談談。

「抽絲勁」是個什麼概念呢？具體地講，它是太極「對稱」理法體現在其盤架子中的一種勁道。簡言之，是體現「對稱」的一種勁道。

這裏說的「盤架子」，不是一般的盤架子，而是特指太極作為內家拳，其內功、氣功、柔功、靜功融為一體，並達到基本成熟程度時的盤架子。正像《十三勢行功心解》中所描述的那種神態與氣勢——「內固精神，外示安逸，邁步如貓行，運勁如抽絲」。

所謂「對稱」，《太極拳論》云：「有上即有下，有前則有後，有左則有右」。反之亦然，有下即有上，有後則有前，有右則有左。如「意欲向上，即寓下意」；意欲向前，必先後去；意欲向左，必先右去。這是個力學原理。打過槍的人都知道，子彈發出之前，必先有個後座力。

太極「對稱」理法，在其盤架子中要得到完整體現。十三勢，每勢裏都有「對稱」。有作為勢的主要對稱；也有在此勢的對稱中相應的諸多部位的對稱。勢與勢不同；相應有的諸多部位的對稱也有不同。兩側對稱的，要體現出對稱勁；非兩側對稱的，要體現出相呼相應勁，相呼相應也是一種對稱。

總之，要周身一體，一處對稱，處處對稱，要有整勁兒。這樣，身體才能保持平衡、沉穩。

「對稱」部位，呈反方向對拔對拉，互為其根，就像蠶繭取絲那樣。蠶繭在熱鍋裏為一端，軸捲絲為另一端。捲軸的捲力，只限於把絲抽出來，卻不可以拉出繭束，因為要利用繭束的座力。就這樣操作，把蠶繭抽成絲線（這是兒時在農村看到的情況，大體印象）。還像草木發芽，束晳《補亡詩》「木以秋零，草以春抽」。太極盤架子時體現「對稱」理法的勁道。用「抽」這種具有韌性的緩慢勁、柔和勁來形容，非常貼切。下面舉幾個實例來講：

例一：十字手（上下）

成勢時，意運丹田，底盤以下，以氣下沉，直貫腳底，與地面接通，兩腳似「植地生根」，底盤以上，以神提頂。在胸背俱開下側重開胸，順項貫頂。此時，身軀受沉勁和頂勁上下兩個力的反向對拔，拉得中正鬆豎，呈整勁上下對稱。在拔拉過程中，身軀就有一種抽長感覺。

同時，兩腳左右分開，兩側對稱；兩手十字交於胸前，交相對稱；手與腳上下相合，相合，也是一種對稱。

例二：野馬分鬃右勢（前後）

成勢時，右腿屈膝半蹲，左腿伸直，呈右弓步，同時，右手從左下向右側上展開，左手從後分開，用沉勁以稱右手之勢。

此時，就體現出一種前後斜向抽拉的勁勢。前後勢整，肩與胯相合相稱，肘與膝相合相稱。

例三：單鞭掌（左右）

成勢時，左腿屈膝坐實，右腿伸直，呈左弓步；左手往左平向出掌，右臂右旋，右手五指合攏，作吊字式下垂。開胸開背，頂勁沉氣，左右勢正，肩與胯相合相稱，肘與膝相合相稱，此時胸背和臂手有左右抽拉拔長的勁勢。

上與下的「對稱」，是整個兒對稱中的綱，具有「綱舉目張」的作用。這是較難做到的，人們多不懂得向上提頂。

向上提頂，以分下勢。不懂此理，就會形成鬆塌，使下肢負重，導致膝關節受損。其實，向上提頂，並非主觀上的人爲規定要那樣去做，而是生理與拳理的自然導向使然。

太極主張呼吸與動作相結合，道理是同樣的。即動作趁著呼吸；呼吸促使動作。呼時，伴隨沉下；吸時，伴隨起上。當沉呼將盡時，穩住沉勁，隨即起吸，上與下自然就形成反向對拔的勁勢，起初要微弱些，隨著意、氣、神勁道的充分和加大，這種上下反向對拔的勁勢，也會越來越明顯，越來越充分和加大。你注意體悟去，絕對錯不了。

上述舉例，為了敘述上的方便，是從定勢將成時說的，只限於主要方面。實際上，「抽絲勁」體現在盤架子整體運作過程中。太極盤架子要求勢整，即要有整勁兒，一處對稱，處處對稱。

譬如，在「野馬分鬃」主勢未成勢之前的抱球狀中，兩肘隨胸背開勢的鬆垂對稱勁，加大了氣沉丹田和虛靈頂勁，加大了軀幹上下的中正鬆豎，加大了肩與胯、手與足相合相稱的勁勢，也同時加大了身體的整勁兒。

太極拳是內家拳，在內裏先有感覺產生。譬如，胸和背開了沒有，就看胸部和背部內裏有無氣感。若有，在胸腔周圍有氣圈形成，就像把胸腔包圍住一樣。傳統遺著中叫「含胸」，含者，包含也，是故。在背部內氣貼蓋，就像熱得出汗，襯衫貼在脊背上一樣，在背部沉氣的反作用下，有一種「拔」的感覺，故云「拔背」。合起來，就是「含胸拔背」的「要則」。

為了好理解起見，筆者管它叫「開胸開背」。胸開了，氣就通了，背開了，氣就順了。胸背內裏有了氣感，說明胸背開了；相應地在胸背的外部就平整了，不凹不凸了。反之，胸背外部平整了，不凹不凸了，胸背內裏就相應地有氣感了。這就叫「內外相合」。

相合，前面說過，也是一種對稱。「開胸開背」同「頂勁沉氣」相結合起來運作，統稱「腰脊」運作（文中凡提到「腰脊」運作，就是指「胸背開勁」和「頂沉對拔」相組合的運作）。人們在日常生活中，四肢是自動直動的；但在太極拳中，四肢像絲連線掛在軀幹上一樣，被動地由「腰脊」帶動起來運作。腰脊帶動得越充分，四肢運作得越順遂；四肢被帶動的越順遂，內氣運行得越酣暢。此時此際，上肢鬆鬆軟軟，柔柔纏纏，下肢輕靈沉穩，如貓行走。看似行雲，綿綿滾動，又像大河，滔滔不絕，極有味道。

上與下的對稱，總的體現在「頂勁沉氣」中；前與後的對稱，總的體現在「胸背開勢」；左與右的對稱，總的體現在「沉肩垂肘」；內與外的對稱，總的體現在「心身相合」。「兩肘」，是內裏與外面，兩臂與周身相合的關鍵之處，且距腰圈最近，又與腰脊運作相輔相成，這是「肘」的妙用。

向上頂起，以分下勢，避免肢體鬆塌，謂之上與下的對稱；胸背不凹不凸，使身軀保持中正鬆豎，謂之前與後的對稱；兩側平衡，防止偏斜，謂之左與右的對稱；內裏的意思有了，相應形之於外，外面的動作正確了，內裏的意思也相應有了，裏外一致，謂之內與外的相合。

上下頂沉對稱，上下處處對稱；前後胸背對稱，前後處處對稱；左右肩肘對稱，左右處處對稱；內外心身相合，內外處處相合。相稱，相應，相合，都體現為一種「對稱」勁道，亦即「抽絲勁」。

「抽絲勁」，只有在「意、氣、神」的運作下，才會有的！在這個意義上講，「抽絲勁」是對「意、氣、神」在太極拳中體現為一種物質力量的驗證。也是「遍體意氣佈滿」的一種實際感受。

這種感受非常美妙，使「對稱」部位間的肌肉、經絡、骨骼出現一種對拔對拉的機理效應，極為舒展，內臟也被相應啟動，再配合內氣運行的酣暢勁兒，真是安逸極了！舒服極了！

當這種內裏的感覺充分了、經常了、深入了之後，自然而然地會形之於外的。在內裏的感覺形之於外後，就會給人一種「運勁如抽絲」的印象。旁觀者看著也會有舒服感。

筆者有過這樣的經歷：一次，正當我在公園裏習練時，一中年人路過駐足觀看約半小時。完後，我問他：「你懂太極拳？」回答：「不懂！」我又問：「那你為什麼要浪費這麼多時間來看？」他回說：「我看得舒服！」

這對我是個回饋信息，說明練法對路。

這裏重複一句：「抽絲勁」——這種體現太極「對稱」理法的勁道，只有在「意、氣、神」的運作下，才會有的！

（原載《武林》二〇〇六・七）

試解《太極拳論》中「意」「對稱」概念

《太極拳論》中，有兩個最基本的概念——「意」「對稱」。這兩個概念沒有真懂，你就不會真正懂得太極拳。

(一)「意」

《太極拳論》從開頭第一句「一舉動周身俱要輕靈」到「上下前後左右皆然」「凡此皆是意，不在外面」，說的是整個盤拳架運作的過程，都是用「意」，屬於內裏的東西。

「意」，是什麼?筆者曾發表過一篇《正確理解太極拳的「意」——兼答香港吳汝華等先生》（《武林》，二〇〇六第四期），是這樣解釋的：「意」，特指同「氣、神」和「腰脊」運作融為一體的一種勁道，一種物質合力，這已經不再是頭腦中空洞的意識、思想了。

這裏，把它展開來談談。

「腰脊」作何解釋？經典著作中稱「腰際」「腰隙」「腰間」「腰」。吾師李雅軒先生管它叫「腰脊」。這些，都顯得籠統、抽象。至於「腰脊」部位指那兒？如何運作？似乎經典著作中沒見解釋，而當代一些權威書中，要麼不解釋，要麼一解釋就錯。

有位在其書上寫道：「腰隙」，指兩腎；運作是旋腰轉脊。這是從字面意思講解的，完全錯了！

筆者從數十年習練中體會的是：「腰」與「脊」相連並提，應從「脊」著眼。脊，即脊椎。與脊椎相對應的整體，就是腰，屬狹義腰的放大，即軀幹。「腰脊」運作，就是軀幹整體機能的合力運作。被運作的對象是四肢。四肢，要像絲連線掛在軀幹上一樣，被動地由軀幹帶動起來運作，只有這樣運作，而不是自動、直動，四肢才能體現出輕、柔、綿、纏的勁道。

軀幹的各個機能在帶動四肢運作中，是有主次之分的，那麼，主要帶動的是靠什麼部位呢？是靠「胸背開勢」和「頂沉對拔」！

「胸背開勢」，就是「含胸拔背」。含胸，說的是胸部不能凹，要保持平整，即要開。胸開了，在胸腔周圍就有氣圈形成，好像把胸腔包圍住一樣。含者，包含也，是謂含胸；拔背，說的是背部不能凸，也要保持平整，即要開。背開了，在背部就有氣貼背的感覺，熱呼呼的，就像熱得出汗、襯衣貼在脊背上一樣，實際上沒有出汗，而是一種氣感，是謂拔背。

「含胸拔背」，都是指氣感說的，不在外面。胸開了，氣就通了；背開了，氣就順了。胸和背，開與不開，就看有無氣感。有氣感，就開了；沒有氣感，就不開。這是死道理。「開」同時是一種勁道。凹胸凸背，人們不同程度都有。這是後天形成的一種不良積習和定型病態，改過來比較困難。但要學太極，就要改過來。《太極拳論》三個「無使有」之一，就是「無使有凹凸處」。

「頂沉對拔」。「頂沉」，就是「虛靈頂勁」和「氣沉丹田」的簡稱。「對拔」，是體現太極「對稱」理法的一種勁道。「頂沉對拔」，是指「沉勁」和「頂勁」，上下呈反方向對拔對拉，這樣，就把軀幹拔直了。

軀幹拔拉正直了，行拳走式就穩當了。軀幹正直，這是太極一條原則性理法。「胸背開勢」和「頂沉對拔」帶動四肢運作的過程，也同時是體現軀幹正直這一原則性理法的過程。

在這個意義上講，「開胸開背」（含胸拔背）、「虛靈頂勁」、「氣沉丹田」，這三個要領，能夠直接校正人體後天形成的病態——凹胸凸背。凹胸凸背得到校正，氣就能夠通順了。氣血通順了，對人體健康大有好處。

「腰脊」運作，就是主要靠「胸背開勢」和「頂沉對拔」來運作，但它還必須借助於「意、氣、神」的勁道。所以說，太極拳是意、氣、神的東西。「氣」中有「意」，「神」中有「意，因此，統稱「意」。如上引《太極拳論》中的概括句「凡此皆是意，不在外面」。再如楊澄甫《太極拳體用全書》「太極拳說十要」之六：「用意不用力。」說的是一個意思。太極拳的運作皆是「意」——特指與「氣、神」和「腰脊」（「胸背開勢」和「頂沉對拔」。本文中凡是提到「腰脊」運作，都是指此）運作融為一體的一種物質合力，一種虛無勁道。二者密切相連，既不可離開特定的腰脊運作談意、氣、神；也不可離開意、氣、神談特定的腰脊運作。

這種不可分割的性質，充分體現在共同運作的境界中——四肢被「腰脊」帶動得輕、柔、綿、纏，氣感充盈；「腰脊」在帶動四肢中，出現一種舒適鬆空狀態。周身顯得輕靈，遍體近似透空。

㈡「對稱」

「對稱」，在《太極拳論》中是這樣寫的：「有上即有下，有前則有後，有左則有右。」反之亦然，有下即有上，有後則有前，有右則有左。說的是方向對稱對應的部位。在太極拳運作中，專指「對稱」部位呈「反方向」對拔的一種勁道。本屬靜態對應關係，移植於太極拳中，就變成動態對應關係——「反向對拔」，使「對稱」部位間的肌肉、經絡、骨骼出現一種舒展感，內臟也被相應啟動了，再配合上內氣運行的酣暢勁兒，真是安逸極了。這是太極先師們的偉大貢獻，是太極區別於其他拳種的一大特點。這種「對稱」勁道，太極有個術語，叫「抽絲勁」。

在《十三勢行功心解》中，對太極拳行拳走式的神態與氣勢是這樣描述的：「內固精神，外示安逸，邁步如貓行，運勁如抽絲。」詳見筆者《太極拳「抽絲勁」》（《武林》）二〇〇六年第七期）。另見筆者著《太極拳今論》一文中）。

（原載《中華武術》二〇〇七・三）

太極拳的「悟」

一談到「悟」，似乎是說，需要「悟」的對象，不是一般事物，非有「悟」，難以參透，就像一道無形的門檻，跨越不過，就不能入室登堂。

太極拳的「悟」，就具有這種性質，且其難度更大。正如楊式太極拳一代宗師楊澄甫云：「非若歐西之田徑賽等技，一說即明，略示便會，無精深玄妙之研究也。」（楊澄甫《太極拳體用全書》）。

太極拳，據筆者多年習練體會，確實屬於「精深玄妙之研究」，且「精深」之至，其「玄妙」難以言喻。可以說，太極拳是一門獨特的學問，它的理法不同於一般拳術，是非常不好理解的。

太極拳是融「內功、氣功、柔功、靜功」為一體的功夫，是內家拳。既是內家拳，內裏的東西無形無象，看不見，摸不著，那就必須在習練實踐中用心去體「悟」，別無他法。

據筆者的體會，可以說是「三分拳架，七分悟」，離開「悟」，成不了太極。吾師李雅軒先生特別強調「悟」，說：「太極，是聰明人練的拳！」「要打出意思來！」「意思」，說的就是內裏的東西。

「悟」，悟什麼？前面說過，太極屬「精深玄妙之研究」，就是要往「精深玄妙」裏悟。

首先，要密切注意內裏的感應，內裏有了感覺，有了反應，說明內裏的東西出現了；否則，就沒有。舉例子來講，要做到「氣沉丹田」，得有一個前提條件——「開胸開背」（含胸拔背）。胸和背都開了，氣才能夠到達丹田。氣到達丹田的感覺是發熱，熱度充分了，近似燒灼，但很舒服，這時，就向後彌散，再及兩旁，形成胯氣圈。內氣是隨著它的運行路線運行的，要注意去體會。內裏的感覺充分了，外在形體動作也相應規範了。此處，仍以「氣沉丹田」來講。

「氣沉丹田」，屬於氣的「沉呼」，有呼，就有吸，與「沉呼」相對應的是「起吸」。「沉呼」時，頂勁不失；「起吸」時，沉勁不丟。這樣，身軀就有一種上下對拔對拉的伸展感，此時此際，「胸開背開」「頂勁沉氣」，有沉有頂，都達到充分境地，外在形體顯得中正直豎，就有了太極的意味了。這就叫做「內外相合」或「身心相合」。內裏沒有感覺，說明外在形體動作就不規範。二者是相一致的。這種一致，取決於內裏，所以，太極主張「神宜內斂」。對「神宜內斂」，吾師李雅軒先生有個通俗形象的提法，叫「反聽觀內」。

太極「悟」，大有「倒吃甘蔗，漸入佳境」味道。隨著開頭的感覺，逐漸充分，逐漸深入，越往後越感受到玄妙、神奇，美不勝收，妙不可言。

（原載《中華武術》二〇〇七・二）

太極拳「往復須有折迭」

這句話，出自太極經典《十三勢行功心解》一文。此說，指的是「意」，不在外面。要解析清楚這個問題，還須結合人體生理和力學原理來談。

筆者在《太極生活化》（《搏擊》二〇〇一年第三期）一文中舉了個例子，這裏還用它：從幼兒學步看——媽媽在前面張開雙臂哄著接抱，孩子迎著媽媽兩條小腿很艱難地試著倒換，兩隻小胳膊抬起晃動著來平衡身軀，好像難以承受全身的重量。成年人的走路，就是由幼兒階段逐漸形成的，下肢支撐著全身重量。因此，走長了路，首先感到的就是兩腿困乏，相應也就有了句「人老先老腿」的俗語。這裏，筆者要說，人們（類）的走道，有生以來就進入了這樣一種誤區，隨之身軀前彎後弓、凹胸凸背，形成病態而不自覺，隨著年齡的增長，日益加重，成為罹疾之由。

人們的走道弊端，與相應引發的身形前彎後弓凹胸凸背，係從上古歷代沿傳至今，實際上已成定局，習非成是了。唯有太極先輩獨具慧眼，悟出其中之道，創立了太極拳。可以這樣設想，著眼於人體健康，是太極的基本點。

太極「對稱」理法中的「頂勁」，是「沉勁」的分勢，能夠轉移下力，減輕腿部負重。

太極「開胸開背」（含胸拔背）要領，能夠針對性地糾正凹胸凸背的毛病。胸開，主氣通；背開，主氣順。胸和背都開了，氣血就通順了。

太極有一條原則性理法，即行拳走式軀幹必須保持「中正鬆豎」狀態，這樣，才能平穩，才不致前傾後倒左斜右歪。圍繞「中正鬆豎」，又有相應的一些保證規則，如「胸背開勢、頂沉對拔」就是；「平送腰胯尾閭垂」也是；而「往復須有折迭」同樣是。

人體易於前傾，這是因為身形前彎後弓凹胸凸背的定型病態，使力的重心偏離了「身中垂直線」所致。太極理法，就在於校正這種病態體形的，而且細微獨到。「折迭」說，又是一例。《十三勢行功心解》一文是這樣描述的：「往復須有折迭，進退須有轉換」。這種文詞，係駢體文的儷句。「折迭」，也是「轉換」的意思；但有「折迭（疊）」意象，即內在的形象，不在外面。做法是體現「對稱」理法——「如意欲向上，即寓下意」；意欲向前，即寓後意；意欲向左，即寓右意。反之，亦然。「寓」向方，係「折迭」勁；「欲」向方，係「折啟」勁。例如，在沉勁時，兩肩隨開背鬆肌，將氣收入脊骨，注於丹田，這是身後「折迭」；在頂勁時，底盤以下，以氣下沉腳掌，直通地下，底盤以上，以神上提，順項貫頂，這是身前「折啟」。這樣，一迭一啟，一合一開，沉中有頂，頂中有沉，就把軀幹拉直了，解決了易於前傾問題，使之「中正鬆豎」，更加平穩，恰到好處。

「折迭」勁和「折啟」勁，是主「轉換」的。「折迭」，與沉呼相連；「折啟」，與起吸共繫。《乾隆太極拳經歌訣》中有句：「拿住丹田練內功，哼哈二氣妙無窮」。可見，「折迭」運作，就是最能充分地「拿住丹田」的勁道。「丹田」穴，又稱「氣海」穴，「氣沉丹田」，能銷吞百病。

太極拳，理論底蘊深厚，境界修養極高，是「精深玄妙」（太極一代宗師楊澄甫語）之學，是國粹，大有益於強身健體，延年益壽。

太極拳習練階段說

這裏，是從傳統內家拳意義上講的。

要學成太極拳，按階段，由淺入深，從低級到高級，分步驟習練，是需要的，這樣，也才能夠收到好的效果。關於這個，似乎經典著作中沒有，也不曾看見文字性的東西和聽到別人講起過。此文所述，係根據自己習練過程中的體會，總結出來的。可分三個階段。供參考。

第一階段或初級階段。要基本上掌握太極作為內家拳的打法——用「虛無勁」，亦即「意」。

這點較難。難，就難在它同「習慣力」相悖。「習慣力」，人之初就是這個樣子，用手出手，用腳抬腳，已成積習，可以說習非成是了。要轉這個彎，首先思想上不理解，加之，太極勁道（力道）奇特、玄妙，不好掌握，須得有個漸悟、適應過程。

初級階段（第一階段），也是太極的入門階段。只有掌握了用「虛無勁」，即「意」的打法，才能算入了太極的門。這就要求丟掉「習慣力」，使臂腿手腳置於被動狀態，就像絲連線掛在軀幹上一樣，完全用腰脊（胸背開勢、頂沉對拔）和意、氣、神的勁道，帶動起來運作，不自動、不直動、不妄動，而且這種帶動要基本上達到順應自然的程度。

在這一階段配合的氣功，是「潛呼吸」，亦即反自然腹式呼吸，這種呼吸，靜、細、深、長，與太極拳「以靜御動，雖動猶靜」的緩慢動作，恰好吻合。動作緩慢，則須呼吸深長；呼吸深長，也須動作緩慢。此階段，周身的輕靈感和氣感就初步出現了，這就為太極拳的進步深造，奠定了基礎。

第二階段或中級階段。其習練成果，要充分體現出太極拳的基本境界。

在這個階段，盤拳架的神態與氣勢——「內固精神。外示安逸。邁步如貓行。運勁如抽絲。」這四句話，出自《十三勢行功心解》一文，係經典的高度的概括，相應把內在的東西，透過軀體形象，描述的淋漓盡致。

這一階段配合的氣功，是「喉頭呼吸」，是在「潛呼吸」基礎上，加強加深的呼吸法，嘴鼻閉小，以喉頭用力，體現極柔和細勻的呼吸，與上述太極拳盤架子的神態與氣勢，恰好吻合。

太極《心會要訣》（又名《三十七心會論》），開頭第二句就稱「喉頭為第二之主宰」，所指就是用「喉頭呼吸」。

此階段，已經掌握了太極理法，行拳自然順遂，周身俱已輕靈，遍體意氣佈滿，「內功、氣功、柔功、靜功」融為一體。

第三階段或高級階段。要體現出太極拳的高境界。

這是養性修真階段。亦即《太極拳真義》所述——「無形無象，全身透空，忘物自然、西山懸磬，虎吼猿鳴，泉清水靜，翻江鬧海，盡性立命」。在這一階段配合的氣功，是「內呼吸」，要求用「真息」來進行呼吸。

「真息」，又稱「胎息」（胎兒在母體內的呼吸，似有似無），係人生性命的根本，養生長壽的要訣，要達到悠、緩、細、勻、靜、綿、深、長的八項標準，綿綿不斷，若存若亡，恰好與「太極拳真義」相吻合——「太極盡性立命」，「真息神覺立命」。二者相輔相成，相得益彰。

對於太極拳的高境界，筆者有的略解其意，有的尚難參透。太極拳，「精深玄妙」，國之瑰寶，筆者老矣，願有志者鑽研之，肩負起承傳使命。

彩色圖解太極武術

1 太極功夫扇

定價220元

2 武當太極劍

定價220元

3 楊式太極劍

定價220元

4 楊式太極刀

定價220元

5 二十四式太極拳+VCD

定價350元

6 三十二式太極劍+VCD

定價350元

7 四十二式太極劍+VCD

定價350元

8 四十二式太極拳+VCD

定價350元

9 楊式十八式太極劍 十六式太極拳

定價350元

10 楊氏二十八式太極拳+VCD

定價350元

11 楊式太極拳四十式+VCD

定價350元

12 陳式太極拳五十六式+VCD

定價350元

13 吳式太極拳五十六式+VCD

定價350元

14 精簡陳式太極拳八式十六式

定價220元

15 精簡吳式太極拳三十六式 拳架・推手

定價220元

16 夕陽美功夫扇

定價220元

17 綜合四十八式太極拳+VCD

定價350元

18 三十二式太極拳 四段

定價220元

19 楊式三十七式太極拳+VCD

定價350元

20 楊氏五十一式太極劍+VCD

定價350元

21 嫡傳楊家太極拳精練二十八式

定價220元

22 嫡傳楊家太極劍五十一式

定價220元

23 嫡傳楊家太極刀十三式

定價220元

健康加油站

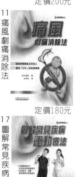

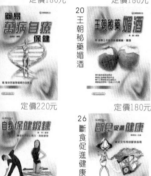

編號	書名	定價
		定價200元
2	胃部機能與強健	定價180元
3	不孕症治療	定價200元
4	簡易醫學急救法	定價200元
5	肥胖健康診療	定價200元
6	肝功能健康診療	定價200元
		定價200元
8	高血糖值健康診療	定價200元
9	尿酸值健康診療	定價200元
10	膽固醇中性脂肪健康診療	定價200元
11	痛風劇痛消除法	定價180元
12	三溫暖健康法	定價180元
		定價180元
14	B型肝炎預防與治療	定價180元
15	吃得更漂亮、健康	定價180元
16	茶使您更健康	定價180元
17	圖解常見疾病運動療法	定價180元
18	科學健身改變亞健康	定價180元
		定價220元
20	王朝秘藥媚酒	定價180元
21	立見實效保健操	定價180元
22	越吃越幸福	定價200元
23	荷爾蒙與健康	定價180元
24	越吃越長壽	定價200元
		定價180元
26	斷食促進健康	定價180元
27	蔬菜健康法	定價200元
28	水果健康法	定價200元
29	越吃越苗條	定價200元
30	越吃越聰明	定價200元
		定價200元
32	人體記憶地圖	定價350元
33	提升免疫力戰勝癌症	定價280元
34	腎臟病預防與治療	定價230元
35	怎樣配吃最健康	定價200元
36	心臟病腦中風預防與治療	定價180元
		定價350元
38	由人相診斷健康	定價180元
39	青春期智慧	定價200元
40	前列腺健康診療	定價200元
41	下半身鍛鍊法	定價180元
42	四高健康診療	定價300元

休閒保健叢書

1 瘦身保健按摩術

定價200元

2 顏面美容保健按摩術
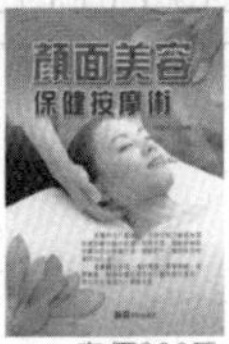

定價200元

3 足部保健按摩術

定價200元

4 養生保健按摩術
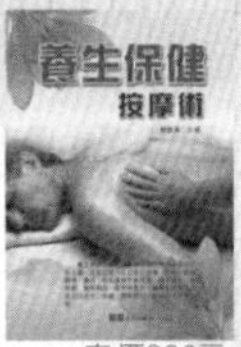

定價280元

5 頭部穴道保健術

定價180元

6 健身醫療運動處方

定價230元

7 實用美容美體點穴術

定價350元

8 中外保健按摩技法全集+VCD
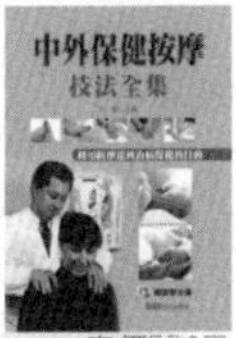

定價550元

9 中醫三補養生 神補食補藥補

定價300元

10 運動創傷康復診療

定價550元

11 養生抗衰老指南

定價350元

12 創傷骨折救護與康復

定價220

13 百病全息按摩療法+VCD

定價500元

14 拔罐排毒一身輕+VCD
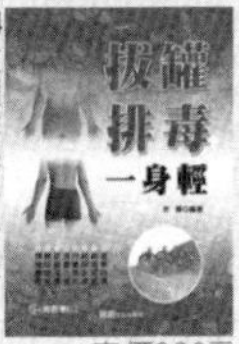

定價330元

15 圖解針灸美容+VCD

定價350元

16 圖解針灸減肥

定價350元

圍棋輕鬆學

1 圍棋六日通

定價160元

7 中國名手名局賞析

定價300元

8 日韓名手名局賞析

定價330元

9 圍棋石室藏機
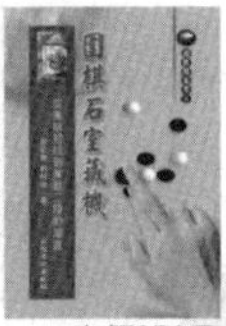

定價250元

10 圍棋不傳之道
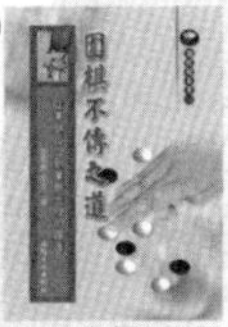

定價250元

11 圍棋出藍秘譜

定價250

12 圍棋敲山震虎
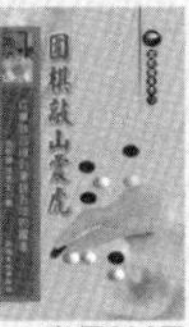

定價280元

13 圍棋送佛歸殿
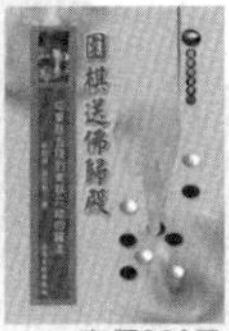

定價280元

14 無師自通學圍棋

定價280元

15 圍棋手筋入門 必做題
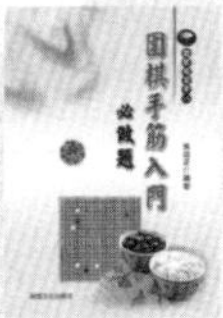

定價250元

象棋輕鬆學

1 象棋開局精要

定價280元

2 象棋中局薈萃

定價280元

3 象棋殘局精粹

定價280元

4 象棋精巧短局

定價280元

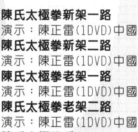

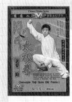

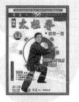

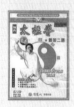

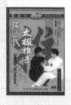

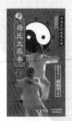

歡迎至本公司購買書籍

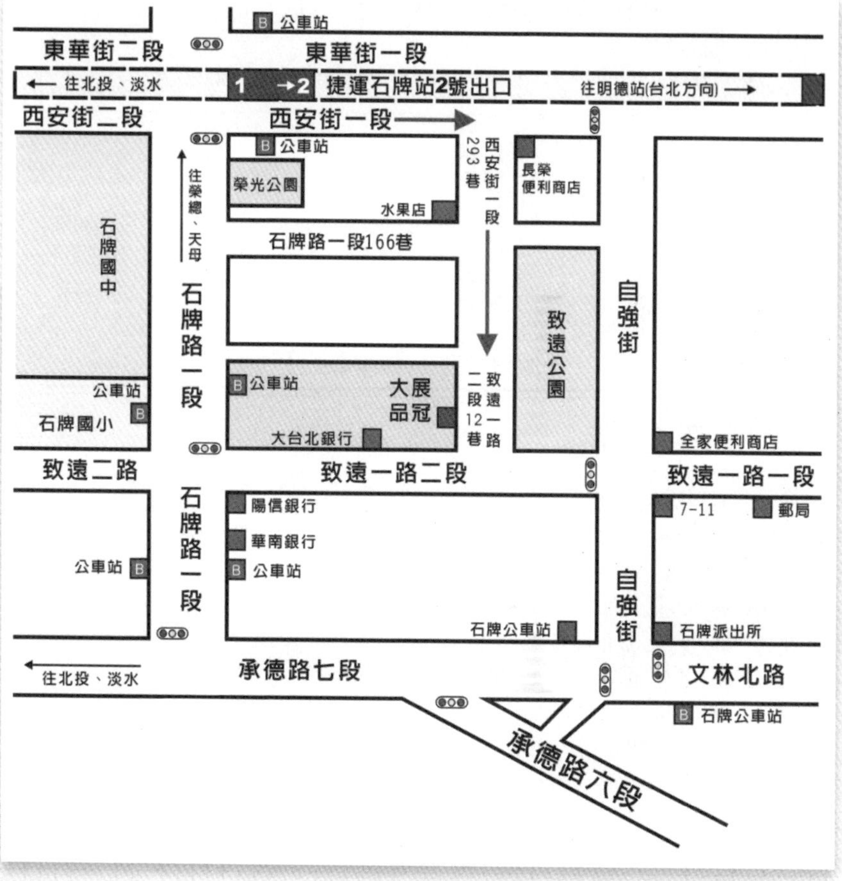

建議路線

1.搭乘捷運・公車

淡水線石牌站下車，由石牌捷運站２號出口出站(出站後靠右邊)，沿著捷運高架往台北方向走(往明德站方向)，其街名為西安街，約走100公尺(勿超過紅綠燈)，由西安街一段293巷進來(巷口有一公車站牌，站名為自強街口)，本公司位於致遠公園對面。搭公車者請於石牌站(石牌派出所)下車，走進自強街，遇致遠路口左轉，右手邊第一條巷子即為本社位置。

2.自行開車或騎車

由承德路接石牌路，看到陽信銀行右轉，此條即為致遠一路二段，在遇到自強街(紅綠燈)前的巷子(致遠公園)左轉，即可看到本公司招牌。

國家圖書館出版品預行編目資料

太極拳今論／薛蔚昌 著
——初版，——臺北市，大展，2011〔民 100.04〕
面；21 公分 ——（武學釋典；3）
ISBN 978-957-468-801-2（平裝；）
1. 太極拳
528.972　　100002178

太極拳今論

著　　者／薛 蔚 昌
責任編輯／楊 丙 德
發 行 人／蔡 森 明
出 版 者／大展出版社有限公司
社　　址／台北市北投區（石牌）致遠一路 2 段 12 巷 1 號
電　　話／（02）28236031・28236033・28233123
傳　　眞／（02）28272069
郵政劃撥／01669551
網　　址／www.dah-jaan.com.tw
E-mail ／service@dah-jaan.com.tw
登 記 證／局版臺業字第 2171 號
承 印 者／傳興印刷有限公司
裝　　訂／建鑫裝訂有限公司
排 版 者／弘益電腦排版有限公司
授 權 者／山西科學技術出版社
初版 1 刷／2011 年（民 100 年）4 月
定　價／200 元

大展好書　好書大展
品嘗好書　冠群可期

大展好書　好書大展
品嘗好書　冠群可期